Gebrauchsanweisung für Niederbayern

Teja Fiedler

Gebrauchsanweisung für Niederbayern

Piper München Zürich

Mehr über unsere Autoren und Bücher:
www.piper.de

ISBN 978-3-492-27550-7
3. Auflage 2010
Karte: cartomedia, Karlsruhe

Gesamtherstellung: CPI – Clausen & Bosse, Leck
Printed in Germany

Für alle niederbayerischen Freunde, die mir bei der Arbeit entscheidend halfen, ganz besonders Angela, Suzanne, Marlis, Werner, Sepp, Georg und nochmals Sepp.

Und natürlich für meine Hamburger Familie. Sie hat die Rückkehr zu meinen Wurzeln klaglos hingenommen, wenn auch linguistisch nicht immer ganz verstanden.

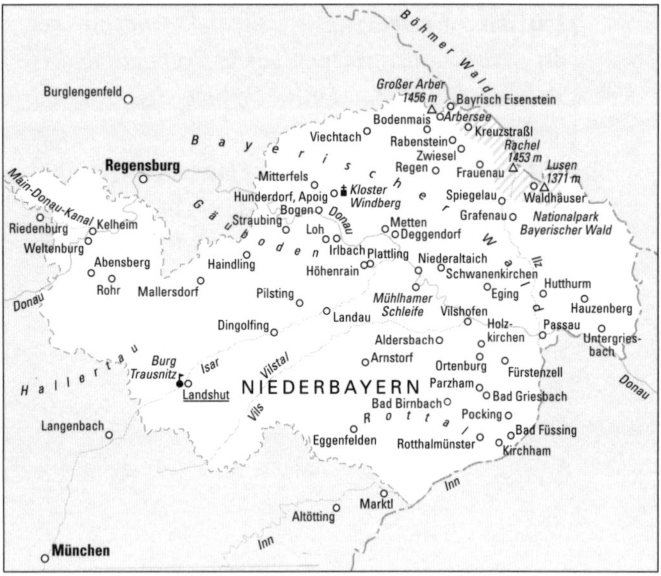
Böhmer Wald
Großer Arber
1456 m
Bayrisch Eisenstein
Burglengenfeld
Bodenmais
Arbersee
Viechtach
Kreuzstraßl
Rabenstein
Rachel
1453 m
Zwiesel
Bayerischer Wald
Regen
Lusen
1371 m
Regensburg
Frauenau
Main-Donau-Kanal
Mitterfels
Hunderdorf, Apoig
Kloster
Windberg
Spiegelau
Waldhäuser
Bogen
Donau
Grafenau
Nationalpark
Bayerischer Wald
Gäuboden
Straubing
Riedenburg
Kelheim
Loh
Metten
Deggendorf
Weltenburg
Irlbach
Plattling
Niederaltaich
Abensberg
Haindling
Höhenrain
Schwanenkirchen
Ilz
Rohr
Mallersdorf
Pilsting
Hutthurm
Eging
Mühlhamer
Schleife
Hauzenberg
Donau
Landau
Vilshofen
Dingolfing
Holz-
kirchen
Passau
Aldersbach
Untergries-
bach
Hallertau
Burg
Trausnitz
Isar
Vilstal
Arnstorf
Ortenburg
Fürstenzell
Landshut
NIEDERBAYERN
Parzham
Bad Griesbach
Donau
Bad Birnbach
Vils
Rottal
Pocking
Langenbach
Bad Füssing
Eggenfelden
Rotthalmünster
Kirchham
Inn
Marktl
Altötting
Inn
München

Inhalt

Niederbayern – Bayern ohne Make-up

Ich bin in Niederbayern aufgewachsen. Bin im Sommer barfuß in die Plattlinger Volksschule gegangen, habe in der Maiandacht »Meerstern, ich dich grü-ü-ü-ü-ße« gesungen und nach den Mädchen auf der Empore gegenüber geschielt, diese Mädchen später beim Baden an der Isar befummelt und mir in zwei Volksfestraufereien eine blutige Nase geholt (was besonders schmerzhaft war, weil die anderen angefangen hatten).

Ich bin stets Niederbayer geblieben. Auch wenn ich schon lange nicht mehr dort lebe. Doch ich komme immer wieder zurück. Ich mag meine Heimat. Niederbayern ist Bayern ohne Make-up. Ein Land, in dem die Menschen sie selber sind und sich selbst genügen. Sie verzichten auf die Lifestyle-Schminke, die anderswo häufig mehr das

Leben ausmacht, als das Leben an und für sich. In Niederbayern bläst der Wind rauher, ist die Sprache gröber und schmeckt das Schweinerne mit Semmelknödeln und Sauerkraut herzhafter als sonstwo im Freistaat.

Kleiner Griff in die Geschichtskiste: Wo stellten schon die Römer, die bekanntlich zu leben wußten, ihre Villen mit Unterflurheizung und Thermalbad nördlich der Alpen hin? Etwa ins Erdinger Moos oder an den Fuß des Wendelsteins? Nein, sie ließen sich an der Donau, im heutigen Gäuboden, nieder und spähten bei Wein, Weib und Gesang aus ihren Kastellen zum anderen Ufer. Dort rotteten sich im dunklen Wald die Horden zottelhaariger Menschen im Bärenfell zusammen, die bald als Bajuwaren ausschwärmen und das römische Nachtigallenzungen-Gratin durch den Leberkäs ersetzen sollten.

Will sagen, in Niederbayern stand die Wiege der bayerischen Zivilisation, und von hier aus richteten auch die bairischen Herzöge ihre Herrschaft auf. – Kurzer orthographischer Einschub: »bairisch« oder »Baiern« mit einem i steht für den altbairischen Volksstamm, »bayerisch« und »Bayern« mit Ypsilon für den Freistaat und die heutige Sicht der Dinge.

Der erste Wittelsbacher von Format war Ludwig der Kelheimer, ein Einheirater und Städtegründer besonderer Güte, dessen Karriere 1231 auf der Donaubrücke seiner Heimatstadt von einem

Meuchelmörder jäh gestoppt wurde. Aus der Mitgift seiner Frau stammt auch das optische Unterpfand des Bayerntums: die weißblaue Raute. Sie zierte zuvor das Wappen der Grafen von Bogen, ebenfalls Niederbayern, deren letzter Sproß die vom Kelheimer gefreite Ludmilla war.

Unglücklicherweise waren wir Niederbayern für Büttenredner und andere Berufs-Lachsäcke lange die Deppen der Nation, bis die Ostfriesen uns ablösten. Niederbayern stand für Hinterwald und tiefste Provinz, für Brett vor dem Kopf und Gehirn in Walnußgröße.

Das haben wir ein paar Phänomenen zu verdanken. Dem Wolferstetter Keller zu Vilshofen etwa. Dort polterte jeden Aschermittwoch Franz Josef Strauß selig vor vollem Haus und vollen Maßkrügen gegen die Russen und andere Rote los, in einer bayerisch-barocken Diktion, die Intelligenzquotienten und Hochdeutschkenntnisse bei keinem der Anwesenden überforderte. Und dann verschwand er zum Klang des Bayerischen Defiliermarsches durch Tabakschwaden und Begeisterungsstürme wieder hinaus in den politischen Alltag. Für den Rest der Republik war Vilshofen eine Art Komödienstadel.

(Der Wolferstetter Keller als solcher kann nichts dafür. Das ist eigentlich eine ganz handfeste Brauerei-Wirtschaft, in der später bei geringerem Publikumsandrang auch die SPD die Fastenzeit einläuten durfte.)

Außerdem belächelte man jenseits der weißblauen Grenzen, daß in Niederbayern die CSU regelmäßig bei jeder Wahl ein Ergebnis einfuhr, das die besten Resultate der Schwesterpartei CDU im tiefschwarzen Cloppenburg/Land noch weit übertraf und den christlich-sozialen Abgeordneten, der in seinem Stimmkreis nicht die Sechzig-Prozent-Hürde übersprang, in eine Sinnkrise stürzte.

Und wenn man dann auch noch diesen Dialekt mit seinen nasalen, dumpfen Vokalen hörte und höchstens halb verstand, dann stand für die amüsierten »Kenner« meiner Heimat fest: Diese Seppeln sind einfach folkloristische Witzfiguren!

Das ist natürlich ein deppertes Vorurteil vom Kaliber der »tiefen slawischen Sääle« oder der »italienischen Feigheit«. Niederbayern sind konservativ, fromm bis frömmlerisch und manchmal von aufreizender Beharrlichkeit. Aber eben nicht nur. Und bei weitem nicht alle.

Wo könnte man im Klischee vom Hinterwäldler Menschen wie den Abensberger Bierbrauer Leo Salleck unterbringen, der alles über Leonardo da Vinci weiß und im Kellergewölbe neben Weißbier und Brezen für seine Gäste eine naturgetreue Kopie des »Abendmahls« in Originalgröße bereithält? Wo die Kabarettistenschar von Bruno Jonas, Siggi Zimmerschied und Ottfried Fischer bis zum Niederbayern türkischer Herkunft Django Asül? Oder Anna Rosmus mit ihrer couragierten Aufarbeitung der Nazi-Vergangenheit ihrer Heimatstadt, die der Passauerin den Sophie-Scholl-Preis einbrachte? Meinen Plattlinger Jugendfreund Alexeij Sagerer, der damals noch Rudi hieß und seit Jahrzehnten eine feste Größe des Münchner Theaterbetriebs ist? Gar nicht zu reden von Roman Herzog, dem Exbundespräsidenten aus Landshut.

Nur in billigen Witzen und teuren Tourismusbroschüren ist Niederbayern stromlinienförmig. Im wahren Leben ist meine Heimat so widersprüchlich und unterschiedlich wie alle Gegenden dieser Welt, wenn man genauer hinschaut. Niederbayern kann dicht nebeneinander urwüchsig, verschandelt, komisch, hinterfotzig (Erklärung folgt noch!), modern, traditionsbewußt und vernagelt sein.

Ich habe mich bemüht, es so zu beschreiben. Eigene Kapitel über bewährte Bavarica wie Bier, CSU oder Preiß'n wird der Leser vergeblich suchen. Das sind Themen, die ganz Bayern angehen und nicht nur uns. Aber natürlich sind sie immer wieder die treibende Hefe in oder zwischen den Zeilen dieses Buches. Bei allen meinen Landsleuten, die sich von mir ungerecht behandelt fühlen sollten, entschuldige ich mich im vorhinein. Es irrt der Mensch, solang er strebt. Oder ein bisserl weniger geschwollen: »Was woaß denn i scho!«

Fahnenweihe

Nein, das hätte keiner geglaubt, daß es der Stieglbauer Heidi so aus der Feder fließen täte, auch wenn sie auf der Kreissparkasse arbeitet:

»Heut ist für unsere Wehr ein großer Tag, vergessen ist die ganze Müh und Plag. Vom Herrgott gesegnet, vom Priester geweiht, soll dieses Band euch begleiten, für die Jahre und die Zeit.«

Da mußte die Mama vor Rührung schnell ein paar Tränen aus dem Augenwinkel wischen, bevor sie hinuntergelaufen wären in den imposanten Ausschnitt ihres Festtagsdirndls. Mei Tochta, dachte sie zärtlich bewundernd. Der Herr Pfarrer nickte wohlgefällig ob der Erwähnung des unbedingt nötigen himmlischen Beistands für die Fahne der Freiwilligen Feuerwehr von Oberhinterbach und für diese selbst.

Dann stimmte die Blaskapelle »D'Hinkofer Wuidschützn« einen frohen, wenn auch, den Umständen angemessen, getragenen Marsch an. Das Band der Festdamen, überreicht von der Stieglbauer Heidi, wurde den übrigen bunten Bändern beigefügt, die das neue Fahnentuch der Feuerwehr für die Jahre und die Zeit begleiten sollten.

Vom Himmel, der so wolkenlos war wie auf einem CSU-Wahlplakat, strahlte die Augustsonne nicht weniger als das Gesicht des Schirmherren, der als direkt gewählter Bundestagsabgeordneter in Niederbayern unweigerlich der Regierungspartei angehörte. Eine geglückte Fahnenweihe, dachte Josef Wurmbauer und rechnete sich irgendwie das schöne Wetter als Verdienst an: hatte er doch seine Zusage zur Schirmherrschaft unter einem weißblau gerauteten Regenschirm gegeben mit der funkelnden Bemerkung: »Möge er nur gegen Strahlen, nicht gegen Tropfen schützen müssen!«

Wie fast alle Teilnehmer an der Fahnenweihe der Freiwilligen Feuerwehr Oberhinterbach anläßlich ihres 125jährigen Bestehens fühlte er trotz des erhebenden Festgottesdienstes in der frisch renovierten St. Leonhardskirche eine gewisse Mattigkeit. Das machte ihn leicht schuldbewußt. Da erbat der Herr Pfarrer nach altem christlichen Brauch den Segen von oben für das Oberhinterbacher Brandkorps, und ihm brummte leise der Schädel wegen der drei Maß Bier, die er gestern abend im Festzelt beim gemütlichen Zusammensein getrunken hatte, die strafenden Blicke seiner Gattin nicht achtend angesichts der hübschen Dirndlausschnitte diverser Festjungfrauen an seinem Tisch und des Popularitätszuwachses, den ein so volksnaher Auftritt sicherlich bedeuten würde.

Immerhin hatte er schon auch seinen Teil dazu beigetragen, dem Festakt die angebrachte Weihe über das Vorspiel zu einem weiteren gemütlichen Zusammenhocken im Bierzelt hinaus zu verleihen, indem er das Engagement der freiwilligen Feuerwehrmänner lobte »gerade in einer Zeit von um sich greifendem Individualismus und Egoismus«. Da hatten alle beifällig genickt, selbst die, die wo ihn nicht verstanden.

In diese Kerbe schlug dann auch der Herr Pfarrer, natürlich etwas mehr ins Christliche gewendet. Hochwürden erinnerte die Männer an der Spritze daran, daß ihr Kampf gegen die irdische Feuersbrunst im Sinn des Gebots der Nächstenliebe und des traditionellen Feuerwehrmottos: »Gott zur Ehr, den Menschen zur Wehr« in gewisser Weise auch die Flammen der Hölle eindämme. Zu Recht ziere die neue Fahne daher auch ein gesticktes Bild des hl. Florian, der aus einem Eimer Wasser über ein lichterloh brennendes Haus gieße, was sinnbildhaft zeige, wie Dies- und Jenseitiges Hand in Hand gehe.

Niemand in Oberhinterbach konnte sich der Bedeutung und Feierlichkeit dieser großen Stunde im Leben eines kleinen Dorfs entziehen. Selbst ein so Hartgesottener wie der Altbürgermeister Karl Ertl schlug bei seiner Ansprache geradezu lyrische Töne an. Er sprach vom »Wohl und Wehe« der Gemeinde, um die sich »gar manche Stunde« die Feuerwehr tätig sorge, »wo sich derweilen andere auf die Hausbank setzen oder vom Wirtshaus aus zuschauen«.

Nicht nur er fand die richtigen Worte zur richtigen Zeit, nicht nur der Pfarrer, der Abgeordnete und die Stieglbauer Heidi hatten das getan. Nein, jeder, der mit der neuen Fahne auch nur irgendwie in Berührung war, schien sie poetisch hochzuhalten, auch wenn er sonst Saatgut verkaufte oder nach Dingolfing zur Arbeit bei BMW pendelte.

Stolz flatterte sie im Wind der vier Zeilen, mit denen dem Patenverein aus dem Nachbarort Moosschwaige gedankt wurde: »Wenn auch des Festes frohe Klänge verrauschen bald in des Alltags Wind, so erinn're Euch stets unser Band an der Fahne, daß wir in Freundschaft verbunden sind.« Und sie wurde in Trauer gesenkt zum Gedenken an die verstorbenen Wehrkameraden: »Was bleibt, ist die Erinnerung an Stunden voller Licht – seid ihr auch längst gegangen, vergessen seid ihr nicht.« Wobei etwas im dunklen blieb: ob die Stunden voller Licht für die Einsätze im Feuerschein brennender Scheunen stand oder metaphorisch für das helle Leuchten der Freundschaft an vielen langen Kameradschaftsabenden.

Wer das Ritual der Fahnenweihe kennt, weiß, daß der Festakt selbst nur die Spitze des Eisbergs ist (wenn dieses Bild bei einer so wenig eisigen Sache wie der Feuerwehr erlaubt ist). Zuvor muß so viel passieren. Als erstes wird eine Struktur benötigt, und dazu bedarf es einer Galionsfigur. Sie heißt Fahnenmutter oder Festfrau und ist meist die Gemahlin des Bürgermeisters oder des Vereinspräsidenten. In Oberhinterbach war sie die Gattin des Feuerwehrkommandanten. Kommandant und Präsident sind bei einer Freiwilligen Feuerwehr nicht identisch, sie stehen zueinander wie Bundespräsident und Bundeskanzler. Der eine hält Festreden und verleiht Orden, der andere bestimmt die Richtlinien der Löschpolitik, wenn es brennt.

Da ihr Mann sowieso auch Vorsitzender des Fahnenweihe-Festausschusses war, bot sich das Amt an. Einerseits brachte die Schauer Helga genügend Reimtalent ein, wie bei der Fahnenweihe ihr Zweizeiler unter Beweis stellte: »So nehmt nun hin aus meiner Hand, von mir dieses Festfrauband.« Andererseits konnte sie mit ihrem Franze bei Tisch und Bett etwa rasch klären, welche der Jungfrauen von Oberhinterbach für die flankierende Aufgabe einer Festdame geeignet wäre und wieviel die Brotzeit höchstens kosten dürfe, mit der die Festfrau traditionell alle Beteiligten zu bewirten hat.

Als Festfrau drängt man sich übrigens nicht auf. Man läßt sich bitten. Und vorher durchblicken, daß man – natürlich nur aus Sorge ums Gemeinwohl – zur Verfügung stehe, falls es gar nicht anders ginge.

Also traten an einem trüben Novembertag die Spitzen der Freiwilligen Feuerwehr, unterstützt vom Bürgermeister, den Bittgang zu den Schauers an, brachten ihr Anliegen unerbittlich in gereimter Form, begleitet von einem Freßkorb und Blasmusik, vor, kriegten überraschend eine positive Antwort und hätten den ganzen Abend Stunden voller Licht im Kameradenkreis bei Schauers verbracht, wäre nicht eine zweite, größere Aufgabe zu erledigen gewesen: einen Schirmherrn zu verpflichten.

Dies war besagter Josef Wurmbauer. Als Bundestagsabgeordneter mit der Ambition, von seiner Partei wieder aufgestellt zu werden, konnte er sich einer Bitte aus seinen Herzlanden nach seiner schirmenden Hand nicht verschließen. Noch dazu sie von der eben gekürten Festdame Helga in der Form eines schelmischen Lächelns und dann, nach dem unvermeidlichen Blaskapellen-Intermezzo von Helgas Gemahl in der ebenso unvermeidlichen Gedichtform geäußert wurde. Wurmbauer sagte freudig und kräftig »ja«, hatte den weißblauen Schirm und sein schon zitiertes Bonmot parat und durfte dann die erfreuten Gäste bewirten, was für ihn nach mehreren Stunden mit der

Einnahme von zwei Aspirintabletten endete. Das brachte den zukünftigen Schirmherrn einigermaßen über den nächsten Tag.

Festfrau und Schirmherr, das sollte wohl genügen für den würdigen Rahmen einer Fahnenweihe. Weit gefehlt, lieber Leser, der Du das nur annehmen kannst, wenn Du einer protestantisch-nüchternen Welt entstammst. Keine Fahne in Niederbayern schafft es zum kirchlichen Segen, falls nicht ein Nachbarverein Pate steht, dessen einzig erkennbare Rolle im Stiften eines Ehrenbandes besteht. Es wird nicht mehr sonderlich überraschen, daß sich auch die Anwerbung des Patenvereins in rituellen Bahnen bewegt, vor Launigkeit strotzt und mit Stunden voller Licht unter Gleichgesinnten ausklingt.

Nun war es schon Frühling, und zur Patenbitte fuhr die gesamte Freiwillige Feuerwehr. Angeführt von Festfrau, Festleiter, Bürgermeister, Blasmusik und als Neuzugang Schirmherr Wurmbauer. Man war sich sicher, daß der Nachbarverein Moosschwaige sich der Bitte – natürlich wieder gereimt, diesmal aber in Mundart – nicht entziehen würde. Schließlich hatte man zwanzig Jahre zuvor bei den Moosschwaigern Pate gestanden bis zum Umfallen, und jetzt waren eben die anderen dran.

Sie zierten sich, so will es die Tradition. Die Oberhinterbacher mußten ihr Anliegen kniend vortragen. »Scheitlknian« sagt der Niederbayer zu dieser demütigen Haltung, da sie eigentlich mit den Knien auf kantigen Holzscheiten stattfindet. In sinniger Abwandlung der Methode verwendeten die Moosschwaiger jedoch einen Feuerwehrschlauch als Unterlage für die Knie ihrer Gäste.

Die Nachbarwehr machte ihr Mitwirken vom Bestehen einiger Aufgaben abhängig. Der Herr Abgeordnete und der Feuerwehrpräsident mußten zusammen einen Baumstamm zersägen, um ihre Harmonie zu testen. Sie mußten auf einem Fahrrad fahren, bei dem der Lenker dort war, wo sonst der Sattel ist, und umgekehrt. Das hatte was mit der richtigen Richtung zu tun, und der Wurmbauer bemerkte, kurz bevor er auf die Nase fiel, daß er keinesfalls nach links abdriften werde. Beifall.

Prüfung bestanden. Patenverein gesichert. Wurmbauer durfte ein Faß Bier anzapfen und tat auch dies zur allgemeinen Zufriedenheit. Der Moosschwaiger Präsident gab den leicht taumelnden Gästen auf den Heimweg mit, wie sehr er sich schon freue, wenn es im August bei ihnen in Oberhinterbach heiße »O'zapft is!«. Auf ein diskretes Räuspern seiner Gattin hin schob er eilig nach: »Und natürlich auf die Weihe eurer Fahne.«

Ja, das O'zapfn, das bringt's halt, dachte sich Wurmbauer, als er nun an diesem wunderschönen Augusttag mit seinem leichten Kater zwischen all den Festdamen auf dem Kirchplatz stand und auf den Auszug zum Festplatz wartete. Auch gestern hatte er diese Übung, die im Freistaat politische

Karrieren ruinieren kann, wieder bravourös hingekriegt. Keine Gefahr also für seine erneute Nominierung. Leutselig blinzelte er den Ehrendamen in ihren adretten Dirndln zu, der einheitlichen Tracht zu festlichem Anlaß für alle Oberhinterbacher Mädchen mit Feuerwehrbezug.

Morgen würden sie wieder Jeans und Tank-Tops und hochhackige Schuhe tragen. Heute aber waren sie in Wohlanständigkeit vereint hinter der Fahne mit dem heiligen Florian. Niederbayerinnen, wie sie sich die Staatsregierung, der Bischof von Passau und die Weißbierwerbung vorstellen. Nicht er selbst, er zählte nach allgemeiner Einschätzung schließlich zum liberalen Flügel seiner Partei. Trotzdem fand er schön zu sehen, daß die Welt hier im Gäu wenigstens bei Fahnenweihen noch in ihren Fugen war: die Festdame Hüglsburger Marianne hatte zur Feier des Tages ihr Piercing aus der Unterlippe genommen.

Nachbemerkung: Personen und Orte sind erfunden. Frei. Oder fast frei. Oder zum Teil. Ähnliches gilt für Zitate, doch da für die wenigsten.

Raufen

»Auf dem Festplatz rührte sich am Wochenende einiges«, titelte das »Straubinger Tagblatt« auf seiner Lokalseite an einem Volksfestmontag. Was rührte sich denn da? Oder Schriftdeutsch: Was war da los in Straubing? Feuerwerk? Trachtenumzug? Auftritt von Schlagersternchen Nicki aus Plattling? Besucherrekord im Bierzelt beim zweitgrößten Volksfest Bayerns?

Das wäre preußisch-moderat gedacht. Wenn der Niederbayer hingegen sagt: »Da rührt sich was!«, dann meint er deutlich handfestere Bewegung. Und deswegen waren die Leser des Lokalblatts auch sicher nicht überrascht oder sonderlich bestürzt, als sie den Rest der Schlagzeile sahen: »Jede Menge Schlägereien und Betrunkene – mehrere Verletzte«.

Ein Auswärtiger wird schwer verstehen, wie Trunkenheit und Prügel bis hin zur Krankenhausreife unter »da hat sich einiges gerührt« geführt werden können. Der Einheimische hingegen weiß seit frühester Jugend und oft aus eigener schmerzlicher Erfahrung, daß schon immer zu einem zünftigen Volksfest, ob weltlich oder religiös, die eine oder andere brachiale Belustigung gehört. Bereits 1806 schrieb der »Churpfalz-bairische Landesdirectionsrath« Joseph von Hazzi aus Abensberg über seine Heimatgemeinde: »Es gibt hier viele Kirchen, die ebenso viele Kirchweihfeste und Märkte nach sich ziehen, wobei gewöhnlich pfarrgemeindeweis gerauft und nachher ebenso hitzig gezecht wird.«

Die religiöse Motivation für eine zünftige Schlägerei hat sich im Lauf der Zeit verloren, wir leben in einer säkularen Welt. Die Reihenfolge: erst raufen, dann saufen, ist heute ebenfalls kein Muß mehr, in der Abfolge herrscht eher Toleranz. Das Grundsätzliche aber hat noch immer Bestand. Zum einen: Ein Volksfest ohne Bier ist kein Volksfest, und die akzeptierte Maßeinheit fürs Trinken auf der Wies'n ist und bleibt der Liter, die berühmte Maß – deswegen heißt sie auch so. Weil es sich bei der Maß eigentlich nur um eine Eichgröße handelt, ist impliziert, daß der Maßkrug mehrmals gefüllt werden kann. Zwei Liter pro Bierzeltbesuch sind guter Durchschnitt.

Zweitens: Auf einem niederbayerischen Bierfest ist es ab, sagen wir mal, 21 Uhr ratsam, Zeitgenossen aus dem Weg zu gehen, die mit leicht glasigem, doch stechendem Blick Festplatz und Brauereizelte heimsuchen und nur noch das eine wollen: Ärger. Sie schnipsen dann Zigarettenkippen in anderer Leute Maßkrug. Sie trinken unaufgefordert deren Bier aus. Oder sie nehmen einfach Anstoß. Weil jemand sie länger als drei Sekunden ansieht. Oder mit einem Mädchen knutscht, das ihnen auch gefallen würde.

Die klassische herausfordernde Eröffnungsfrage ist dann: »Was schaust denn so bläd?« Wenn nun der andere nicht demütig die Augen niederschlägt und so tut, als wäre nichts, sondern sein Haupt hebt oder Widerworte gibt, kommt drohend der nächste Zug: »Paßt dir was net?« Jetzt werden die Weichen gestellt. Noch kann der Angesprochene vor der Provokation einknicken und sich mit einer gemurmelten Entschuldigung verdrücken, etwa: »Is ja scho guat, i geh ja scho.«

Tut er sich diese Selbsterniedrigung nicht an, antwortet vielmehr mit einem »Leck mich doch du am Arsch, du bläda Hund!«, dann ist der Zug in Richtung Schlägerei endgültig abgefahren. »Geh ma ausse?«, Gehen wir hinaus? ist der Standardsatz, nachdem es kein Zurück gibt. »Hinausgehen« ist die Umschreibung für ein Faustduell hinter dem Bierzelt (außer Sichtweite der Ordner, die sich jeder Festwirt heute leistet).

Es ist tröstlich zu wissen, daß bei diesen Prügeleien nicht immer der Provokateur die Oberhand behält. Oft ist er einfach zu blau, um noch so richtig zuschlagen zu können. Oder sein vermeintliches Opfer arbeitet im Straßenbau. Früher war eine ungeschriebene Regel, daß nur Mann gegen Mann stand. Der jeweilige Freundeskreis feuerte die beiden Kampfhähne lediglich an. Falls man dem Spezi doch beisprang, mußten die beiden Seiten annährend gleich stark sein. Das war fair, führte dann aber zur Massenschlägerei.

Beliebt war auch, einem unwilligen Kontrahenten, der sich der Rauferei trotz heftiger Provokation einfach nicht stellte, bis hinaus zur Toilettenbaracke zu folgen und ihn dort noch einmal und noch vehementer zu beleidigen. In den ersten Nachkriegsjahrzehnten gab es auf Festwiesen noch keine Urinale, »gebieselt« wurde in Reih und Glied in eine lange Zinkrinne, deftig »Soachrinn« genannt. Wagte der Arme, zusätzlich gehandicapt dadurch, daß er zumindest eine Hand nicht frei hatte, jetzt doch noch schwächliche verbale Resistenz, passierte oft, was der Sieger dann stolzgeschwellt zurück im Zelt so zum besten gab: »Den hab i in d' Soachrinn' eineg'haut, den Feigling!«

Heute ist die hygienische Toilette auch bei niederbayerischen Massenveranstaltungen längst Standard, und die Männer vom Sicherheitsdienst haben ein Auge auf das Geschehen rund ums Wasserlassen. Der K.o. an der Soachrinn ist also Vergangenheit. Die Prügeleien im Halbdunkel hinter den Bierzelten sind ebenfalls weniger geworden.

Nicht aber die Schlägereien an sich, obwohl auch in Niederbayern unter den jungen Leuten die Zahl der Kriegsdienstverweigerer die der Wehrbereiten klar übersteigt.

Heute hauen sich die fröhlichen Festbesucher vermehrt gleich an Ort und Stelle. Liegt das am Vorbild der Actionfilme, wo ja ein Schwarzenegger oder ein Van Damme sofort zuschlagen, ganz egal, wo sie sich befinden? Natürlich handelt es sich dabei um das Wirken einer kleinen Minderheit. Die weitaus meisten Niederbayern sind auch nach der zweiten Maß friedliebend und bei Sinnen. Aber unbestreitbar ist: Es rührt sich halt was, wenn in Niederbayern gefeiert wird. Volkskundler haben diese Lust am Raufen schon auf das keltische Erbe der Bajuwaren zurückgeführt. Dabei bleibt es einigermaßen im dunklen, warum gerade die Kelten überdurchschnittliche Schlagetot-Neigungen gehabt haben sollten, angesichts ihrer eher bescheidenen militärischen Erfolge, sieht man mal von Asterix ab.

Kein Stilmittel scheint geeigneter, den überbordenden Verlauf heißer Volksfesttage authentischer wiederzugeben, als die Verlautbarungen des Polizeiberichts. Deshalb hier im Originaltext, was am 22.8.2005 unter »Jede Menge Schlägereien und Betrunkene« im Straubinger Tagblatt stand.

STILETT ABGENOMMEN: Beamte des Einsatzzuges trafen am Sonntag nach einer Rangelei in einem Festzelt auf einen 29jährigen Mann aus

Langenbach, der ein Stilett (spitzes Messer) bei sich führte. Die Polizeibeamten nahmen dem Mann aus Sicherheitsgründen das Stilett ab, gleichzeitig wollte der 29Jährige dem Beamten sein Barett vom Kopf ziehen. Als der Beamte das Barett und das Stilett in der Hand festhielt, faßte der 29Jährige nochmals danach und griff dabei in das Messer. Er verletzte sich und mußte im Klinikum behandelt werden.

NICHT EINSICHTIG. Ein 26jähriger Mann aus Ipsheim hatte am Samstag gegen 22 Uhr an einem Pilsstand schon mehrmals Streitigkeiten mit anderen Gästen. Ein 21jähriger Angehöriger eines Sicherheitsdienstes forderte ihn deshalb ebenfalls mehrmals dazu auf, aufzuhören und den Stand zu verlassen. Aus diesem Grund ging der 26Jährige aber auf den Sicherheitsmann los und gab ihm einen Faustschlag ins Gesicht. Der renitente Volksfestgast konnte dann aber von dem 21Jährigen überwältigt werden und wurde zur Polizeiwache gebracht. Ein Alkoholtest ergab einen Wert von über 2,3 Promille. Der 26Jährige durfte den Rest der Nacht in einer polizeilichen Ausnüchterungszelle verbringen. Strafanzeige wegen Körperverletzung wurde aufgenommen.

GRUNDLOS GESCHLAGEN. Ein dreizehnjähriger Straubinger trat am Freitag um 20.50 Uhr bei einem Autoskooter grundlos an eine Vierzehnjährige aus dem Landkreis Straubing-Bogen heran. Obwohl beide sich nicht kannten, beleidigte der Jugendliche sie. Als die Vierzehnjährige erwiderte, daß sie ihn nicht kenne, schlug der Täter mehrmals mit der Faust ins Gesicht des Mädchens. Diese mußte bei der Volksfestwache ärztlich behandelt werden und erlitt leichte Verletzungen.

SCHLÄGEREI. Ein 24jähriger Beschäftigter eines privaten Sicherheitsdienstes in einem Festzelt wollte am Samstag um 1 Uhr eine Gruppe von fünf Jugendlichen nach dem Betriebsschluß zum Verlassen des Festzelts auffordern. Dabei kam es zu einer Auseinandersetzung, in deren Verlauf der Mann aus der Gruppe heraus angegriffen und mit Faustschlägen ins Gesicht traktiert wurde. Der 24Jährige erlitt dabei leichte Verletzungen. Die Schläger verschwanden nach der Tat.

AUFMERKSAMER ZEUGE. Ein 36Jähriger aus dem Landkreis Straubing-Bogen konnte am Sonntag um 0.20 Uhr auf einem Bedienstetenparkplatz am Hagen beobachten, wie ein 19Jähriger aus dem Landkreis Regensburg einen Maßkrug gegen ein geparktes Auto warf. Der verständigte Sicherheitsdienst nahm den Täter vorläufig fest und übergab ihn an die Polizei. Anzeige wegen Sachbeschädigung wurde erstellt.

FALSCHE RICHTUNG. Polizeibeamte trafen am Sonntag um 0.40 Uhr auf der Staatsstraße zwischen Straubing und Salching bei Innerhienthal auf einen Fußgänger. Der Mann aus dem Landkreis Regensburg dachte eigentlich, er sei in der richtigen Richtung, nämlich nach Burglengenfeld, unterwegs. Weil der Fußgänger bei einem Alkoholtest einen Wert von über 2,2 Promille erreichte, nahmen ihn die Beamten kurzerhand zu seiner eigenen Sicherheit zur Polizeiwache mit. Von da aus wurden Angehörige verständigt, die ihn abholten.

BETRUNKEN. Eine Streife der Sicherheitswacht der Stadt Straubing traf am Freitag um 20.45 Uhr am Festplatz auf einen erheblich alkoholisierten Fünfzehnjährigen aus dem Landkreis Straubing-Bogen. Der Jugendliche wurde zur Volksfestwache gebracht, ein Alkoholtest bei ihm ergab einen Wert von 1,1 Promille. Die Mutter wurde verständigt und holte ihren Sohn bei der Polizei ab.

VERLETZT. Gegen 23.50 Uhr kam es am sogenannten Bierbrunnen zu einer Auseinandersetzung zwischen einem 34jährigen Mann aus dem Landkreis Regensburg und einem weiteren Mann aus dem Landkreis Regensburg. Dabei erlitt der andere Mann mittelschwere Gesichtsverletzungen und mußte vom Rettungsdienst zur stationären Behandlung ins Klinikum eingeliefert werden.

LEICHT ABGEKOMMEN von ihrem Heimweg ist am Samstag gegen 2 Uhr eine 21jährige Regensburgerin. Die Frau war nach dem Volksfestbesuch sturzbetrunken am Otto-von-Dandl-Ring aufgefallen. Eine Polizeistreife nahm die Frau auf, die sich überhaupt nicht mehr auskannte und aufgrund ihrer Alkoholisierung auch keinen

Alkoholtest mehr durchführen konnte. Den Rest der Nacht durfte die 21Jährige zu ihrem eigenen Schutz in einer Ausnüchterungszelle der Polizeidienststelle am Theresienplatz logieren.

TAUCHER AM VOLKSFEST? Eine 41jährige Frau aus Geiselhöring fand am Donnerstag gegen 23 Uhr auf der Kreisstraße zwischen dem Straubinger Ortsteil Kagers und dem Verkehrslandeplatz Wallmühle auf der Straße einen schwarzen Taucheranzug, eine schwarze Taucherjacke und ein Paar Schwimmflossen. Die ungewöhnlichen Utensilien wurden sichergestellt und ans Fundamt weitergeleitet.

Zum Abschluß der Straubinger Event-Bilanz die schönste Meldung, eine Tragikomödie in der Nußschale:

Polizisten wurden am Freitag gegen 21.45 Uhr in ein Festzelt gerufen. Dort war es zu einer Auseinandersetzung zwischen zwei Männern, die zur Musik auf der Bank tanzten, und einem Unbekannten gekommen. Ein 40jähriger Zeuge hatte sich dann eingemischt und den Zelt-Sicherheitsdienst verständigt. Durch falsche Angaben des mit über 1,3 Promille alkoholisierten Zeugen wurden die beiden Geschädigten vom Sicherheitsdienst aus dem Zelt gewiesen, der unbekannte Schläger, der auf die beiden Männer eingeschlagen hatte, hatte sich inzwischen aus dem Staub gemacht. Aufgrund des Mißverständnisses und seiner Alkoholisierung war einer der beiden Männer, die unschuldigerweise vom Platz verwiesen wurden, sehr renitent und ließ sich auch durch die Polizeibeamten nicht mehr beruhigen. Nach der Anzeigenaufnahme mußte dem 43Jährigen wirklich ein Platzverweis erteilt werden.

Was lernen wir aus diesem publizistischen Mosaik eines ganz gewöhnlichen Volksfestabends?

Erstens: Ohne Bier geht gar nichts. Es ist der Dünger, der die bunten Blumen der Festesfreude zum Erblühen bringt.

Zweitens: Die schönste Blüte ist das blaue Veilchen ums Auge des Nächsten. Als Ersatzhandlung geht auch das anarchische Werfen eines Maßkrugs gegen unbelebte Ziele durch.

Drittens: Dem Totalverlust der Orientierung wegen übermäßigem Alkoholgenuß wohnt ein beträchtlicher Wert inne: Ein Niederbayer schämt sich am Morgen danach nicht für seine Trunkenheit, er empfindet sie als den Klimax der Fröhlichkeit und brüstet sich mit ihr: »Mei hab' i gestern an Fetz'n Rausch im G'sicht g'habt, des sag' i euch fei!«

Viertens: Angehörige privater Sicherheitsdienste – nicht Fleisch, nicht Fisch – genießen wenig Wertschätzung. Ihnen haut man besonders gerne eine rein.

Fünftens: Ein Taucheranzug samt Schwimmflossen ist selbst auf einem Gäubodenfest rätselhaft und läßt sich höchstens durch die Absurdität des Seins an und für sich erklären.

Watten

Der Sepp wirft dem Hansi einen Kußmund zu, und der Hansi blinzelt freudig zurück. Die anderen zwei am Tisch beim Otto in Deggendorf schauen sich leicht verstört an: »Ja gibt's dös!« Dann nehmen sie erst mal einen tiefen Schluck aus dem Maßkrug neben sich. Wir sind nicht in einem Schwulen-Szenelokal, von denen es im ländlichen Niederbayern eh nicht gerade wimmelt. Sondern in einem Wirtshaus, in dem man Karten spielt. Der Sepp hat dem Hansi mit seinem Kuß gerade angezeigt, daß er im Besitz des »Maxe« ist, und der Hansi hat ihm zurückgezwinkert, seinerseits den »Bettsoacher«, auch »Spitz« genannt, auf der Hand zu haben und damit schon mehr oder weniger den Schlüssel zum Sieg. Denn die vier am Ecktisch watten, und bei diesem urniederbayerischen Kartenspiel sind der Maxe, der Herzkönig, und der Spitz, die Eichel-Sieben, höchster und dritthöchster Trumpf und damit faktisch fast unschlagbar.

Um den Nachbartisch gruppieren sich ebenfalls vier Männer. Doch dieses Quartett verzieht keine Miene. Die Gesichter sind so undurchdringlich wie die von Doc Holliday und Wyatt Earp beim Poker in Tombstone. Die einzige Andeutung von Ausdruck ist ein leiser Unwille über die Grimassen der Herren nebenan. Auch die Gruppe Pokerface hat Karten in der Hand. Aber hier geht es um Schafkopf, ein Kartenspiel, das die Preußen in anscheinend unausrottbarer Ignoranz »Schafskopf« nennen und damit den Geist dieser Intelligenzübung komplett verfehlen, wen wundert's.

Wer gern wattet, hält meist nicht soviel vom Schafkopf und umgekehrt. Denn Watten ist mehr Theater als Logik und Schafkopf eher Konzentration als Spielfreude. Watten, könnte man auch sagen, ist bayerischer Barock am Kartentisch, wo das wild bewegte Detail mehr zählt als die große Linie. Im Schafkopfen dagegen herrscht der Geist der Aufklärung, der den wuchernden Barock kanalisiert und überwunden hat.

Trotzdem können die Anhänger beider Glaubensrichtungen in einem Lokal koexistieren, wenn auch mit leichten Friktionen. Wenn die Watter zu laut werden, veranlaßt das die vom Schafkopftisch zu indignierten Zwischenrufen: »Kanntert's ihr net a bisserl leiser sei, Kruzifix noch amoi!« Daraufhin mosern die von der anderen Fraktion zurück »Man wird doch no sei Maul aufmacha derfa!«, befleißigen sich aber für die nächsten zehn Minuten gemeinhin einer akustisch gemäßigteren Gangart.

Watten ist Regeln und Ausdrücken nach drastisch und direkt. Es geht zwei gegen zwei, und der Partner soll und muß sehr schnell wissen, wie stark der andere ist. Daher darf man »andeuten«. Andeuten ist ein höchst schwacher Ausdruck für die mimische Intensität, die den eigenen Bundesgenossen in Kenntnis setzt. Für den »Maxe« spitzen ausgewachsene Männer süß die Lippen, zum Anzeigen des »Welle«, der Schellen-Sieben, als zweithöchstem Trumpf, kneifen sie das rechte, für den »Bettsoacher« das linke Auge zusammen. Die glorreichen Drei werden die »Kritischen« genannt. Hat eine Partei sie alle in der Hand, besitzt sie die »Maschin«, gegen die menschliche Kraft wie im echten Leben nichts vermag, sie kann vom Bier so gestärkt sein, wie sie will. Die restlichen Trümpfe werden durch wildes Zucken der rechten und der linken Schulter sowie durch gaaanz unauffälliges hektisches Zerren an den einzelnen Fingern signalisiert.

Angeblich sieht die Gegenpartei nicht, was da »ohdeit« wird. Das aber ist reine Illusion, eigentlich überblickt jeder alles. Und um etwaige Restzweifel zu beseitigen, darf man seinem Partner auch noch während des Spiels drängend Anweisungen geben: »Wennst den stechen kannst, dann stich ihn!« Oder: »Laß den durch, den nimm i!« Daß die Karten bei einem fetten Stich entweder mit Inbrunst auf den Tisch geknallt oder – begleitet von einem diabolischen Lächeln – übersanft, fast zärtlich, hingelegt werden und diese nur scheinbar schwächliche Geste den Verdruß der Gegner noch vermehrt, steigert nur die Theatralik.

Ganz so simpel und extrovertiert, wie es auf den ersten Blick erscheint, ist das Spiel mit den fünf Stichen dennoch nicht. In echt bayerischer Hinterfotzigkeit – Exkurs für Preußen: Hinterfotzigkeit hat nichts mit dem zu tun, was Norddeutsche darin vermuten könnten, es heißt einfach Hinterlist –, in echt bayerischer Hinterfotzigkeit also ist Watten ein doppelbödiges Spiel. Denn gewiefte Watter versuchen ihre Gegner in die Irre zu führen. Sie zeigen überdeutlich den Maxe an, den sie gar nicht haben, nachdem sie vorher ihrem Partner so beiläufig und unbemerkt wie möglich ihr wahres Blatt signalisierten. Sie setzen ein Siegerlächeln auf, obwohl ihre Karten erbärmlich sind. Oder sie fallen sichtbar in sich zusammen, um den Feind in trügerischer Sicherheit zu wiegen. Und wenn er dann nur mit halber Kraft sticht, schmettern sie triumphierend ihren hohen Trumpf auf den Tisch, den sie doch so virtuos verbargen.

Ganz gerissene Watterduos entwickeln sogar eine private Zeichensprache, einen Geheimcode, über den sie sich am Gegner vorbei verständigen: Zupfen am Ohrläppchen, unmotiviertes Hüsteln, rätselhafte »spontane« Flüche usw. usw. Dumm ist nur, wenn bei diesen meisterhaften Täuschungen am Schluß niemand mehr durchblickt, wer nun was wirklich hat, auch nicht der eigene Partner. Oder wenn der Gegner auf die ostentative Mimik für einen gar nicht vorhandenen Maxe nur mit einem höhnischen: »So, so, du hast den Maxe!« reagiert und dann seinerseits den Herzkönig ausspielt, denn in Wahrheit hatte er ihn auf der Hand.

»Geht's?« fragt der Hansi den Kare nach zwei Stichen, und weil der Abend schon fortgeschritten ist und der Bierkonsum bei allen die Zweilitergrenze deutlich überschritten hat, fragt er ziemlich laut. »Geht's?« ist das Wattultimatum. Jetzt können die Gegner noch den Schwanz einziehen, das Spiel verloren geben und »zammwerf'n«, d. h. ihre Karten weglegen. »Ja, mir gengand.« Dann würden die Sieger zwei Punkte gutgeschrieben bekommen. Der Kare aber widersteht dem Djangoblick vom Hansi. »Na, dös möchte i mir anschaun!« sagt er trotzig und ebenso laut.

Es kommt zum Showdown. Und der Gewinner kriegt danach nicht zwei, sondern drei Zähler. Alle Karten werden ausgespielt. Da wir aber schon wissen, daß Hansi und Sepp den Maxe und den Spitz auf der Hand hatten, überrascht uns nicht, daß die mannhafte Gegenwehr vom Kare vergeblich ist. Sieg für den Hansi und den Sepp. Der Kare wirft, schon ziemlich dröhnend, in die Runde, die dümmsten Bauern hätten bekanntermaßen die größten Kartoffeln. Sein Spezi Heinz nickt. Das Erfolgsduo stört dies nicht. »Da tat er mir a stink'n, wann i die nächste Maß zoin müssat!« philosophiert abgeklärt der Sepp.

Beim Watten wird meist ein Bier ausgespielt. Und so spontan der Durst Menschen überfällt, so spontan kommen häufig Wattrunden zustande. »Watt ma a Maß aus!« ist in vielen Fällen eine momentane Eingebung, die Stammtischrunden einen pseudorationalen Grund liefert, ausgiebigen Bierkonsum nicht als müßigen Selbstzweck erscheinen zu lassen.

Für die vier vom Schafkopf ist das Spektakel am Nebentisch so degoutant wie die Volksmusikhitparade für Opernfreunde. Denn bei ihrer Passion ist all das streng verboten, was den Reiz des Wattens ausmacht. Beim Schafkopf spielt das Glück zwar auch eine Rolle, denn niemand kann beeinflussen, ob er gute oder schlechte Karten erhält. Doch dieses grundsätzliche Ausgeliefertsein an Frau Fortuna versucht ein guter Schafkopfer mit geradezu wissenschaftlicher Akribie zu meistern.

Aus der Art, wie die Karten fallen, kann er schnell erschließen, was jeder »auf der Hand« haben könnte, und vernünftige Gegenmaßnahmen ergreifen. In dieser Welt der Vernunft hat das Barocktheater vom Wattisch keine Berechtigung. Sobald jeder Spieler sein Blatt in Händen hält, frieren die Mienen ein. Schon ein fragender Blick, ein Heben der Augenbrauen, ein tiefes Atemholen bei einem entscheidenden Stich gilt als grobes Foul und wird mit der roten Karte bestraft. »Zamgworf'n wird«, sagt der Gegner, der den Regelverstoß glaubt bemerkt zu haben. Die Karten prasseln auf den Tisch. Derjenige, der erwischt wurde, hat die Runde zu bezahlen. Natürlich ist er, wie im Fußball auch, der eigenen Darstellung nach ein Unschuldslamm. »I? I hab doch gar nix gmacht. Was kann i denn dafür, wenn i amoi huastn muaß!«

Das sind die Momente, in denen die so beherrschte Welt des Schafkopfs aus den Fugen geraten kann. Denn es gibt keinen Schiedsrichter. Und so muß ein Konsens gefunden werden. Meist siegt der verbal Stärkere. Oder Lautere. Langfristig jedoch können sich Spieler mit Neigung zum Regelverstoß in keiner Runde halten. »Der deut mir z'vui an«, heißt es dann irgendwann einmal, wenn über die Besetzung eines Schafkopfabends gesprochen wird. Falls dann die anderen nicken, ist der Schwindler draußen und muß sein Bier in Zukunft alleine trinken. Oder eine andere Truppe suchen, die sehr liberal ist in der Regelauslegung.

Im Gegensatz zum Watten finden sich Schafkopfrunden fast nie spontan, etwa aus einer Bierlaune heraus, zusammen. Sie sind eine Institution, ein fester Termin im Kalender. Die Teilnehmer treffen sich oft seit Jahren und kennen einander sehr genau: Der Georg neigt zum Risiko, der Fredl kann sich die Stiche nicht richtig merken, der Werner fällt nach der zweiten Halben stark ab, und der Helmut sagt immer die letzte Runde an, weil er Angst hat, zu spät nach Hause zu kommen.

Die vier beim Otto in Deggendorf treffen sich jeden Montag und zelebrieren Schafkopf pur. Geredet wird nur, wo es die Regeln vorschreiben. Der Schlagabtausch ist hart, aber fair. Erst in der Pause zwischen den Runden löst sich die Konzentration und gibt Raum für eine Expertenanalyse des eben beendeten schweigenden Duells. »Wenn i gwußt hätt, daß du auf Blau frei bist, dann hätt i net noch amoi Trumpf nachgspuit.« Kleiner Schluck aus dem Halbe-Glas. »Dös hätt'st da aber denka kenna, weil i glei die lange Farb ogspuit hab.« Nippen am »Russen«, dem Mischgetränk aus Weizenbier und Limo, das der Georg bevorzugt. Schafkopfer spielen keine Maß aus und ziehen sie sich dann an Ort und Stelle auch nicht noch lustvoll rein. Sie spielen um Geld und mit hoher Konzentration, da würde ein gehobener Alkoholpegel nur schaden.

Die Wirte haben daher eigentlich Watter lieber, die saufen einfach mehr. Andererseits sind die Herren mit den Schafkopfkarten treu und neigen nicht dazu, vom Alkohol beflügelt, bei Streitfragen dem düsteren niederbayerischen Charakterzug der Rauflust (siehe das vorige Kapitel) freien Lauf zu lassen. Außerdem machen sie meist nach zwei

Stunden Pause, essen ein Jägerschnitzel oder einen Wurstsalat – was der Wirt auch nicht ungern sieht –, bevor sie sich dann wieder an ihre Zen-Übung mit dem »Besen« machen. Besen heißt in Bayern ein Kartensatz.

Zu Unrecht könnte der Unkundige jetzt annehmen, die Schafkopfer seien eher fade, kopflastige Gesellen, verhinderte Schachspieler, denen das Brettspiel nur zu schwierig, Watten andererseits zu vulgär ist. Das stimmt nicht. Auch im Schafkopf wohnt barocke Farbigkeit. Wertlose Karten nennt man »Spatzen«, wer sich »abspatzt«, wird dieses Ramschzeug mit dem geringst möglichen Schaden los. Der Eichel-Ober, der höchste Trumpf, heißt »der Alte«, der Gras-Ober, weiß Gott warum, nicht »der Grüne«, sondern »der Blaue«, der Herz-Ober »der Rote« und der Schellen-Ober »der Bugl«, was wohl von dem gerundeten, »buckligen« Schellen-Symbol kommt. Hat eine Seite drei oder alle vier von ihnen in lückenloser Reihe, dann hat sie »Lauferte« oder »Haxen« (weil man mit den Haxen läuft).

Das Eichel-As ist »die Alte«, das Gras-As »die Blaue«. Die Asse heißen »Sauen«, was vom Bild eines Wildschweins auf den As-Karten herrührt. Beim Schafkopf sind die Spieler-Paare nicht festgelegt, man sucht seinen Partner, indem man mit einer »Sau« spielt. So kündigt etwa der Besitzer des Alten an: »I spui mit der Alten.« Das führt fast sicher zu der Reflex-Antwort aus der Runde:

»Dann is es a koa Sünd!« Lachen tut niemand mehr so richtig über dieses Bonmot, weil es jeder schon tausendmal gehört hat. Ebenso wie den gereimten Kommentar zu: »I spui mit der Blauen.« – »Ja die wird schauen!«

Wenn die erste Karte auf dem Tisch liegt, kann der Gegner Kontra geben. Er erhebt damit den erklärten Anspruch zu gewinnen. »Re!« gibt die andere Partei zurück, wenn sie sich stark genug fühlt. »Re« kommt vom französischen retour. Doch der Volksmund hat daraus »Reh« gemacht. Und so zischt die Gegenseite ganz sprachkonsequent »Hirsch«, falls sie noch einen draufsetzen will. Ist eine Partie bis zum Rotwild gediehen, dann wird sie teuer: Kontra, Reh und Hirsch verdoppeln jeweils den Einsatz. Bei Hirsch hat sich die Summe also verachtfacht. (Dementsprechend hitzig sind anschließend auch die Freudenbekundungen oder Schuldzuweisungen.)

Das höchste, was einem Schafkopfer passieren kann, ist ein »Sie«. Der Sie ist wie der Hirsch ein sprachlicher Irrtum. Seine Vorstufe ist der »Du«. Beim Du muß ein Spieler alle acht Stiche machen. Was klar anzeigt, daß er in Wahrheit »tout«, französisch »alles«, heißt. Der Sie ist der Super-Du: die acht höchsten Trümpfe vom Alten herunter bis zum Schellen-Unter in einer Hand. Dieses Blatt ist so häufig wie ein Lotto-Sechser. Ereignet sich der Glücksfall, ist der Abend gelaufen. Der Sie-Spieler legt seine triumphalen Karten auf den Tisch und gibt Freibier aus, was er sich angesichts der hohen Quote, die die restlichen Drei für dieses Idealblatt blechen müssen, auch leisten kann. Dann werden die acht Karten aus dem Verkehr gezogen und wie eine Reliquie behandelt.

Man rahmt sie ein, vermerkt ehrfürchtig das Datum bis hin zur Uhrzeit, dazu den Namen des Glücklichen und in einer fairen Geste auch die der Mitspieler als Zeugen eines fast außerirdischen Ereignisses. Der Wirt empfindet es als Ehre, diese Schafkopf-Ikone an die Wand zu hängen, und zumindest ein paar Wochen lang begrüßen die Spezis den Sie-Spieler mit einem Schuß ehrfürchtigen Respekts. Ein Sie adelt wie der Bayerische Verdienstorden: Niemand weiß, warum es gerade den oder den getroffen hat. Doch allein die Tatsache, daß, erhöht den Ausgezeichneten.

In der Beizn beim Otto haben die Watter ihre pantomimischen Bemühungen bereits eingestellt – genug Bier ist geflossen. Die Schafkopfer liegen in den letzten Zügen – die Frau vom Helmut hat schon zweimal auf dem Handy angerufen, wo er denn bleibe. »I komm glei, Spatzerl«, hat der Helmut zurückgeflötet und sich wehmütig an die Zeiten erinnert, als er nur über das Wirtstelefon erreichbar war, über das zu gehen seine Frau sich dann doch meist genierte.

Traditionelle Lokale wie das vom Otto, wo man noch nach Herzenslust karteln kann, nehmen leider auch in Niederbayern ab. Viele Wirte sehen heute die Watt- und Schafkopfrunden nicht mehr so gern. Sie geben in ihren Augen dem Restaurant einen provinziellen, einen uncoolen Touch. Wo sie doch inzwischen thailändische Reispfannen oder knackige Salatplatten mit mariniertem Lachs anbieten. Da soll kein Ruf nach dem »Bettsoacher« und kein verbaler Schlagabtausch »Kontra, Re, Hirsch« das Gourmet-Ambiente trüben.

Zum Glück haben viele der griechischen, italienischen, türkischen Wirtshäuser keine Berührungsängste. Vielerorts verlagert sich die Szene dorthin. Manchmal setzen sich die Betreiber vom »Arkadasch« oder »Epiros« selbst mit an den Kartentisch. Und wenn dann statt einer Maß eine Flasche Ouzo ausgewattet wird oder der Spruch von der Blauen, die da wird schauen, mit leicht anatolischem Akzent kommt, beweist das nur, daß Brauchtum lebt und sich stetig wandelt.

Darenna

Sie stehen am Rand von Bundesstraßen und Gemeinde-Verbindungswegen. Gedenksteine. Kleine Kreuze. Manchmal mit künstlichen Blumen geschmückt. Manchmal mit echten, die noch nicht verwelkt sind. Oft mit einem Foto in einer vergoldeten Plastik-Vignette, das meist ein Foto wie aus dem Schuljahrbuch ist. Und mit finalen Daten für ein junges Leben: geb. 30. 5. 1986 – gest. 31. 12. 2004.

Wer vorbeifährt, weiß, wofür diese Mahnmale stehen, auch wenn er sie bei Tempo 120 nur aus den Augenwinkeln mitbekommt: Hier hat sich jemand »darennt«.

In Niederbayern »darennen« sich viele. Besonders junge Leute. Lange Zeit gab es keine ländliche Gegend in Deutschland, wo das häufiger geschah als hier. Doch durch die Unfallzahlen in den neuen Bundesländern ist der Regierungsbezirk von Rang eins verdrängt worden. Aber noch immer »darennt« sich zuviel Jugend auf Niederbayerns Straßen.

Und nun wird es Zeit, »darenna« zu erklären. Das Wort ist aus dem Verb »rennen« und der Vorsilbe »da-« zusammengesetzt. »Da-« steht für einen endgültigen, oft gewalttätigen Vorgang. Manchmal entspricht es dem hochdeutschen »er-«. Daschlag'n heißt erschlagen, daschiaß'n ist erschießen.

Doch der Dialekt kennt noch ganz andere und äußerst plastische Kombinationen. Einen Menschen kann es etwa dabrös'ln, dabaatz'n, dastöß'n. Höchst unvollkommen übersetzt: Er kann zu Bröseln werden, zu einem Baatz, d. h. zu einem Brei, oder sich zu Tode stoßen.

»Darenna« ist die Todesart, die man sich selbst bei hoher Geschwindigkeit mit einem Mittel des Individualverkehrs zufügt. In einem Zug oder einem Bus kann man sich nicht darenna, es kann einen da höchstens dabrösl'n. Auch zu Fuß nicht, da ist man nicht schnell genug. »Darenna« ist für das Motorrad, das Auto und in seltenen Fällen das Fahrrad reserviert.

Besorgt über den gehäuften jähen Tod auf Niederbayerns Straßen hat das Innenministerium des Freistaats einmal eine Studie über die Gründe erstellt. Sie erbrachte eine umwerfende Erkenntnis. Die Darenn-Unfälle »lassen nicht richtiges Ausnutzen des Straßenraums und den Drang nach schnellem Vorwärtskommen erkennen.« Kompliment, aber was drängt die niederbayerische Jugend so überdurchschnittlich? Und warum geht sie so falsch an den Straßenraum heran, den ihr die bayerische Strukturpolitik mehr als ausreichend geschaffen hat?

Ein schneller Blick in Discos und Wirtshäuser macht klar: Sprudel, Cola, Apfelschorle sind noch immer nicht die bevorzugten Getränke des jugendlichen Führerscheinbesitzers von Mitterfirmiansreuth bis Niedermotzing, von Weihmichl bis Drachselsried. Sie sind auch nicht billiger als das gute alte Vollbier oder die guten neuen Alkopops.

Die Wirte sagen zwar, früher hätte ihr Publikum ganz anders ins Glas bzw. den Maßkrug geschaut. Zehn Halbe pro Kopf seien da schon mal an einem Abend weggegurgelt worden. Heute trete man viel eher auf die Alkoholbremse. Aber »zwoa, drei Hoibe, dös merk i absolut net beim Fahr'n« ist für viele Gäste noch immer ein unverrückbarer Glaubenssatz. Und sollte das bisserl Alkohol den Gasfuß für die Fahrt nach Hause doch ein bisserl bleierner machen, gleicht das der Heimvorteil aus: »Kannt scho sei, daß i dann a wengerl (ein bißchen) schneller heimbrenn' als sonst. Aber dafür kennt man ja die Streck'n. Da fahrt das Auto doch fast von allein.«

Eins ist klar: Die jungen Leute auf dem Land müssen sich ins Auto oder aufs Motorrad setzen, wenn sie hinwollen, wo was los ist. Der öffentliche Nahverkehr ist spärlich, zu später Stunde nicht existent. Und sich ein Taxi aus der nächsten Stadt kommen zu lassen, ist unmenschlich teuer. Zwanzig Euro für die Anfahrt, damit man dann die fünf Kilometer nach Hause gebracht wird, kann sich kein Azubi leisten. Außerdem geht es nicht nur um die Heimfahrt. Wer im Wald oder im Rottal auf die Piste gehen will, muß beweglich sein. Discos und angesagte Lokale liegen nicht dicht an dicht. Wenn es irgendwo fad ist, muß man weit fahren, um dorthin zu kommen, wo sich dann möglicherweise auch nichts rührt. Und so weiter.

Mit dem Frust und den Kilometern steigt der Alkoholpegel. »Früher haben's dann gerauft, heute prügeln sie ihr Auto«, ist die Erkenntnis eines leidgeprüften Polizisten. Als Niederbayern autobahnmäßig noch nicht voll erschlossen war, glaubte man, im Bau neuer Autobahnen eine Medizin gegen den Raserfrust gefunden zu haben. Dort könne man ungestraft voll loslegen und müsse es nicht auf kurvigen Normalstraßen tun. Seit es die A 3 von Regensburg nach Passau und die A 92 von Landshut bis Deggendorf gibt, weiß die Polizei es besser: Auf den Autobahnen ist die Zahl der Toten besonders besorgniserregend.

Auch die niederbayerische Arbeitswelt wurde schon als Grund für den Bleifuß auf dem Gaspedal bemüht. Ein Großteil der jungen Leute ginge hier einer ziemlich eintönigen Arbeit nach, die nicht oft schnelle und neue Entscheidungen verlange. Das schlage dann auf das Autofahren durch nach dem Motto: »Wer einmal auf dem Gas steht, der bleibt darauf stehen.« Und so wird der Straßenraum immer wieder schaurig falsch genutzt. Meist zur späten Stunde.

Da rast ein junger Mann mit zwei Spezis im Auto weit nach Mitternacht durch ein Dörfchen im Bayerischen Wald, kriegt die Kurve am Ortsende nicht, schlittert hundert Meter über eine Wiese, durchbricht den Zaun des Klärweihers, überschlägt sich zweimal und versinkt in der Brühe. Seine Geschwindigkeit muß enorm gewesen sein. Ein Polizist, der später zu Testzwecken mit dem identischen Autotyp die Strecke nachfährt, schafft die Kurve noch mit Tempo 110.

Im Scheitel der Kurve steht ein Gasthaus. Die Wirtsleute werden durch den lauten Platscher aufgeschreckt. Sie eilen nach draußen. Doch der Teich ruht schon wieder still im Mondschein. Das Ehepaar glaubt, sich geirrt zu haben, und geht ins Haus zurück. Erst später dämmert den beiden, daß die Mondschein-Idylle trügerisch gewesen sein könnte. Sie rufen die Feuerwehr. Aber bis die den Weiher abgepumpt und das Auto geborgen hat, sind die drei Insassen bereits mehr als eine Stunde tot. Gegen den zähen Klärschlamm hatten sie die Tür nicht aufdrücken können.

Da will ein 22Jähriger im Gäuboden nett sein, auch ein bißchen groß tun, und gegen ein Uhr nachts die Teilnehmer einer Party, fünf Jungen, ein Mädchen, alle zwischen vierzehn und sechzehn Jahre alt, heimfahren. Sie haben in einer Waldhütte ihren Hauptschulabschluß gefeiert. Das Auto ist ein Kombi mit Ladefläche. Nur der Fahrer und der Beifahrer sind angeschnallt. Die fünf anderen hokken, ohne Sitz, ohne Gurt, auf dem Boden des Rückraums.

Nach wenigen Kilometern verliert der junge Mann am Steuer in einer Ortschaft bei einer Linkskurve die Kontrolle. Der Wagen schleudert, rasiert einen Trafokasten ab, reißt eine Straßenlaterne um, kippt auf die Seite und prallt bei Tempo achtzig mit dem Dach voraus frontal gegen eine Hauswand. Die Wucht ist so groß, daß zwei der Jungen aus dem Laderaum fünfzehn Meter weit durch die Luft fliegen. Der Kombi ist flach wie eine Karosserie, die aus der Schrottpresse kommt. Alle sieben, die im Auto waren, sind auf der Stelle tot. Der Fahrer, so ergibt die Obduktion, stand unter Alkohol.

Zu Recht weist das Polizeipräsidium in Regensburg, das für Niederbayern und die Oberpfalz zuständig ist, heute darauf hin, daß es durch vermehrte Alkoholkontrollen dem traurigen Hang zum »darenna« entgegenwirkt. Das war nicht immer so. Und daß es nicht so war, daran hatte nicht die Polizei Schuld.

In den achtziger Jahren ließ schon einmal ein energischer Regensburger Polizeichef rund um Volksfestplätze, Biergärten und Discos verstärkt ins Röhrchen blasen. Bis ihn die Bayerische Landesregierung zurückpfiff. Eine Abordnung der Festwirte hatte zu bedenken gegeben, daß diese harsche Maßnahme den Hektoliterumsatz und die weißblaue Lebensfreude unerträglich schmälere, was die Regierung als oberste Hüterin altbairischer Werte sofort einsah.

Inzwischen hat der Ministerpräsident mehrmals gewechselt. Die Toten auf Niederbayerns Straßen sind etwas weniger geworden. Die Unfälle dagegen kaum. Es scheinen eher ABS und Airbag zu sein, die den Drang zum »darenna« dämpfen. Doch jedes Jahr stehen wieder viel zu viele neue Kreuze am Wegesrand. So selbstverständlich wie früher die Marterl, die von Mißgeschicken wie Tod durch einen Blitzschlag oder einen Pferdehuf kündeten. Was kann man da schon machen? Langsamer fahren? Weniger saufen? Oder achselzukkend als niederbayerischer Fatalist sagen »Was einem aufg'setzt is, dös muass ma trag'n«?

Niederbayern – Oberbayern

Für den Unkundigen ist der Oberbayer nur schwer vom Niederbayern zu unterscheiden. Meistern beider Kehlen doch gleich mühelos die Maß Bier wie den »Oachkazlschwoaf«, und wählen beide ähnlich zuverlässig die Partei mit dem direkten Draht zum lieben Gott und der High-Tech-Industrie. Beinahe symbolisch gehört die Hallertau, das größte Hopfenanbaugebiet der Welt, zu fast gleichen Teilen den zwei Kernregionen Altbayerns an. Mit dem patriotischen Schlachtruf »Lieber bairisch sterben als österreichisch verderben« ließen sich schon Weihnachten 1705 die Oberbayern bei Sendling von Habsburger Söldnern genauso brav für ihren nichtsnutzigen Kurfürsten niedermetzeln wie die niederbayerischen Bauern ein paar Tage später bei Aidenbach. So gibt auch die Historie auf den ersten Blick für eine Unterscheidung wenig her.

Der Kenner aber weiß: Zwischen Bogenhausen und Bogen an der Donau liegt mehr als das bayerische Hügelland. Zwar sind die Übergänge fließend, was schon die Vita des Heiligen Vaters Benedikt aus Marktl zeigt. Hätte der Ratzinger Sepperl nur drei Kilometer weiter östlich jenseits des Türkenbachs das Licht der Welt erblickt, wäre er gebürtiger Niederbayer gewesen. Denn der Türkenbach bildet hier die Grenze zwischen beiden Regierungsbezirken. So aber gehört sein Geburtshaus knapp zum oberbayerischen Landkreis Altötting, was wegen der dort ansässigen wundertätigen Madonna für einen Papst sicher kein Nachteil ist.

Dorthin war sein Vater als Polizist versetzt worden. Von Schwanenkirchen, einem Dorf im niederbayerischen Herzland, wo die Ratzingers seit Generationen ansässig waren. Alles in allem ist Benedikt XVI. also eigentlich eher ein Niederbayer. Doch wie gesagt, die Grenzen sind fließend.

Was sich an den Rändern überlappt, ist im Kern doch recht verschieden. Das geht schon bei den Blumen los. Genauer bei einer Blume, die in der Steh- und Hängeversion geballt auftritt: der Geranie. In Oberbayern hat die Geranisierung in den letzten Jahren bedenkliche Ausmaße erreicht. Da quellen Ferienhausbalkone, ausgehöhlte Baumstämme und ausgediente Steintröge über von einer meist ziegelroten Blütenpracht, die einst richtige

Dörfer eher zu so was wie Kulissen fürs Volksmusik-Fernsehen am Samstagabend mit Hansi Hinterseer und den Fischer-Chören macht.

Auch in Niederbayern treibt die Geranie durchaus ihre Blüten, vor allem in Fremdenverkehrsorten. Flächendeckend aber ist sie nicht. Hier ist ein Bauernhaus meist noch ein Wirtschaftsgebäude und keine riesige Fleurop-Reklame. Hier könnte man sogar noch fensterln, ohne sich im Geraniendschungel zu verfangen. (Aber gefensterlt haben die Niederbayern eh nie, die sind lieber gleich mit der Tür ins Haus gefallen.)

Sie haben zum Glück bis heute auch nur zu einem geringen Grad die weitverbreitete oberbayerische Unsitte übernommen, jede erreichbare Hauswand mit bunten Fresken frommer Anmutung zu verunzieren. Das soll keine Kritik der alpenländischen Lüftelmalerei bedeuten, die seit dem Rokoko wunderbar volksnahe Außengemälde schuf. Doch die mäßig geglückten Gestalten eines heiligen Florian, Georg, Martin oder Christopherus, die vielerorts an oberbayerischen Neubaufassaden brennende Häuser löschen, geifernde Drachen stechen, frierende Bettler kleiden oder mit einem holden Jesusknaben auf dem Rücken durch schäumende Gebirgsbäche waten, haben was von weißblauem Disneyland an sich. Im Unterland treten diese gutgemeinten Pinseleien noch immer lediglich sporadisch auf, und das tut Niederbayern so gut wie dem Auge.

Überhaupt scheinen die Niederbayern kitschresistenter zu sein als ihre Brüder und Schwestern im Oberland. Das muß auch schon Bayerns Operettenherrscher Ludwig II. gespürt haben. Wo baute der König seine schwülstigen Märchenschlösser hin? Natürlich ins Oberbayerische. Vor die Alpen. Mitten in den Chiemsee. Niederbayern kriegte von ihm nichts ab. Dieser Teil seines Reichs war dem romantischen Ludwig zu ehrlich und erdig.

Heute ist es kein König mehr, der Oberbayern heimsucht und Niederbayern links liegenläßt. Heute sind es die »Zuogroasten« der gehobenen Sorte. Ein retirierter Chefarzt aus Hamburg oder Berlin genießt wohlverdient seinen Ruhestand nicht am Arber-, sondern am Tegernsee. Sosehr hat Oberbayern sich in den Gehirnen der Preußen als das wahre Bayern festgefressen, daß eine Krimiserie aus dem rustikalen Bayern selbstverständlich in Bad Tölz spielt und nicht in, sagen wir, Zwiesel. Dabei ist Ottfried Fischer, der »Bulle von Tölz« ein waschechter Niederbayer aus dem winzigen Flekken Ornatsöd im Bayerischen Wald.

Und so verirren sich nach Niederbayern noch immer vergleichsweise wenig Auswärtige. Das liegt einmal daran, daß es hier kein München gibt, wo das Biotop weitläufig und fruchtbar genug ist, eine üppige Schickeria sprießen zu lassen, zu der man unbedingt gehören will. Ein Rudi Moshammer samt Daisy wäre in Straubing so schwer vorstellbar wie ein Olli Kahn im Tor des FC Passau.

Das kommt aber auch vom Talent der Oberbayern, die bajuwarischen Klischees, nach denen der Fremde lechzt, bestens zu bedienen. Schuhplattler, Wadelstrümpfe, Lederhosen, wo finden wir sie? In Miesbach, in Ruhpolding, in Rosenheim. Daß dort heute meist ein rühriger Fremdenverkehrsdirektor hinter diesen angeblichen Demonstrationen bayerischen Lebensgefühls steckt, spannt der Neubayer meist erst mit der Zeit.

In Niederbayern hat man es nie so mit der Tracht gehabt. Die kurze Lederne gab es sowieso nicht. Hier trug man einst entweder Hosen bis zu den Knöcheln oder übers Knie, letztere vulgo »Grasoberlhosn« nach den Beinkleidern des Grasobers im bayerischen Kartenspiel genannt. Heute zieht man an, was den Rest der zivilisierten Welt auch kleidet. Wer jetzt noch in Niederbayern mit einer Lederhose und Wadelstrümpfen rumrennt, ist garantiert ein versprengter Urlauber aus Mönchengladbach oder Milano.

Zur Schande meiner Heimat muß ich allerdings anmerken, daß in den Nachkriegszeiten auch bei uns Vereine existierten, die nicht die heimische, sondern ausgerechnet die oberbayerische Tracht pflegten. Sogar sie waren dem Klischee vom Alpenvorland als der reinsten und wahrhaftigsten Verkörperung Bayerns zum Opfer gefallen. In Plattling, wo ich aufwuchs, hieß der Trachtenverein »Edelweiß« und führte Schuhplattler auf. Inzwischen haben die Mitglieder bereut, sich in

»Nibelungen« umbenannt und die korrekten Lederhosen bis übers Knie angezogen.

Dafür hört sich trotz der dialektverbildenden Kraft des Fernsehens im niederbayerischen Unterland die Sprache überwiegend noch immer wie richtiges Bayerisch an. Während in Oberbayern – und verschärft im Großraum München – auch viele Einheimische inzwischen untereinander so reden wie alle weißblauen Ministerpräsidenten seit Franz-Josef Strauß, wenn sie vorgeben, Hochdeutsch zu sprechen.

Gut, Oberbayern hat das Alpenglühen. Aber auch den Föhn. In Niederbayern macht der Fallwind aus dem Süden die Menschen selten verrückt. Wenn hier die Sonne untergeht, bringt sie zwar Arber, Rachel oder Lusen nicht zum Glühen, doch sie taucht die sattgrünen Nadelwälder in ein so honigfarbenes Licht, daß auch nüchterne Seelen verzückt aufseufzen.

Gut, Oberbayern hat mehr Gewässer aus der Eiszeit, die ihre Gletscherzungen bis nach München herausstreckte und allenthalben malerische Seen schuf, zu denen heute Villenbesitzer gerne den freien Zugang verwehren. Niederbayern besaß damals nur einen Eispanzer um die zwei Waldgipfel Arber und Rachel und kann daher lediglich drei versteckte Miniseen am Fuß dieser beiden höchsten Berge des Bayerwaldes aufweisen.

Was Niederbayern aber hat und Oberbayern nicht, ist ein Strom. Ab Kelheim ist die Donau schiffbar und wälzt ihre Wassermassen – wie das Ströme so tun – auf fast hundert Kilometern quer durch den Regierungsbezirk. Oberbayern hingegen liefert nur ein bißchen schnell fließendes, grünes Wasser zu, hauptsächlich in der Form von Isar und Inn, die dann erst auf niederbayerischem Boden breit werden und in die Donau münden.

Auf der Donau schwimmen seit jeher echte Schiffe, manche bis hinunter zum Schwarzen Meer. Deswegen muß jeder niederbayerische Gymnasiast wenigstens einmal im Leben einen Besinnungsaufsatz schreiben: »Die Donau – eine Lebensader Europas.« Oder so ähnlich. Verglichen damit sind die Flüsse Oberbayerns relativ nichtsnutzig, außer Paddlern frequentieren sie primär Studenten für feuchtfröhliche Floßfahrten an hoffentlich vorlesungsfreien Tagen. Mehr läßt ihr bescheidener Tiefgang nicht zu. Insgesamt gesehen ist Niederbayern trotz eines Seendefizits also hydrologisch deutlich im Vorteil gegenüber dem großen Bruder im Süden.

Klar, in Oberbayern sitzt die Staatsregierung, in Niederbayern nur ein Regierungspräsident. In Oberbayern residiert ein Erzbischof sogar mit Kardinalshut, in Niederbayern lediglich der Bischof von Passau. Und der Großflughafen Franz-Josef-Strauß liegt auf oberbayerischer Gemarkung. Der Oberländer Hausschnaps »Enzian« hat einen gewissen weltweiten Ruf, der »Bärwurz«, sein Gegenstück aus dem Bayerischen Wald hingegen nicht, obwohl diese Destillation aus einer unscheinbaren Wurzel gleichen Namens auch nicht schlimmer schmeckt.

Nicht zufällig heißt die Couture-Version des Trachtenanzugs »Alpen-Smoking«. Niemand wäre darauf gekommen, sie »Arber-Smoking« zu nennen. Der Oberbayer ist einfach »g'schleckter« als der Niederbayer. (»G'schleckt« würde in Hochdeutsch etwa »abgeleckt« bedeuten im Sinn von »glänzend, glatt, herausgeputzt« mit leicht negativem Unterton.) Doch das stört die Menschen aus Landshut, Zwiesel oder Deggendorf nur wenig. Wenn die Niederbayern über weite Rübenfelder und dunkle Fichtenwälder blicken, haben sie die beruhigende Gewißheit, nie jodeln zu müssen, nie neben Boris Becker in einem Restaurant zu sitzen, das gerade angesagt ist, weil es angeblich nicht angesagt ist, oder auf ein herzhaftes »Pfüati« als Antwort ein »Tschau, tschau« samt Wangenkuß links, rechts zu bekommen.

Gibt es *den* Niederbayern?

Nach der gebotenen Abgrenzung des Niederbayern von seinen Hochglanzbrüdern weiter südlich stellt sich nun allerdings die Frage: Gibt es eigentlich *den* Niederbayern? Oder ist die Quersumme der Menschen aus Regen, Passau, Deggendorf, Geiselhöring und Eggenfelden nichts weiter als ein aussageloser Mittelwert?

Vor rund zweihundert Jahren bereiste der Churpfälzisch-bairische Landesdirectionsrath Joseph von Hazzi im Regierungsauftrag Niederbayern, aus dessen westlichster Ecke, nämlich Abensberg, er stammte. Hazzi war der Sohn eines Maurermeisters und gleichzeitig ein Reformer im Geist Napoleons, der mit der Fackel der Vernunft die hintersten Winkel seiner Heimat ausleuchten wollte. Ganz im Sinn der Aufklärung hatte er wenig für die katholische Kirche und ihre frommen Schäflein übrig. Bei seiner Bestandsaufnahme Niederbayerns stellte er allerdings fest, daß man diese tiefschwarzen Schäflein nicht alle über einen Kamm scheren konnte.

Politische Korrektheit war dem Herrn Hazzi bei der Taxierung seiner Landsleute fremd. Er malte sie mit deftigen Pinselstrichen ohne höfische Pastelltöne. So schrieb er über die Leute aus der Plattlinger Gegend: »Die Menschenrasse kann im allgemeinen nicht schön genannt werden. Die Männer sind nicht zu groß, fast zu dick. Auf ihren breiten Schultern ruhen runde, fette Köpfe mit meistens braunen Haaren. Aus ihrem ganzen Äußeren blickt roher Hochmut. Ebenso massiv, mit rohen, übergesunden Zügen, erscheint das weibliche Geschlecht.«

Doch auch die Schwarzacher im Bayerischen Wald kommen schlecht beim Herrn Hazzi weg, nur anders: »Die Männer sind klein, schwarzhaarig, breitschultrig, starkknochig und verstörten Blicks; die Weiber erscheinen ebenso und sind in der Liebe sehr heftig; die Mädchen bewahren ihre Jungfernschaft nicht lange.« Dagegen die Abensberger, ja die Abensberger (wo stammte, ganz zufällig natürlich, der Hazzi her?): »Männer und Weiber sind groß und nicht häßlich. Man trifft selbst auf sehr schöne Personen. Offenheit und Hang zum Vergnügen und zum Lachen, auch Kühnheit sind Hauptzüge ihres Charakters.«

Kleine verstörte Schwarzhaarige hier, fettköpfige Braunhaarige da, und – na Gott sei Dank – auch große, schöne Lebenskünstler anderswo, ganz klar, für den Münchner Hofrat gab es den Einheits-Niederbayern nicht. Außer einem recht durchgehenden Zug ausgeprägter Sinnlichkeit, der sich in einer immer wieder von Hazzi ganz stoisch registrierten hohen Zahl unehelicher Kinder manifestiert, der ebenso auffälligen Bereitschaft zur handgreiflichen Auseinandersetzung und einem »starken Hang zur Frömmelei und Aberglauben« sieht Hazzi von einem Ort zum andern kaum übergreifende Gemeinsamkeiten.

Ausgewiesene Experten unserer Tage kommen zwei Jahrhunderte später zu einem ähnlichen, wenn auch weniger drastisch-plastisch untermauerten Urteil. »Den Niederbayern als einheitlichen Menschenschlag gibt es heute nicht. Der Waldler ist ein ganz anderer Mensch wie der Bewohner des mittleren Inntales, und ein Landshuter Bürger wird sich keineswegs mit einem Hauzenberger oder einem Riedenburger vergleichen«, schreiben Walther Zeitler und Klemens Unger in ihrem hübschen Bildband »Unser schönes Niederbayern«.

Das stimmt, und das stimmt nicht. Es macht einerseits sicher einen Unterschied, ob man aus einer Gegend stammt, in der die Winter eisig waren und der Schnee die Dörfer noch zu Großvaters Zeiten oft tagelang von der Welt abschnitt, wie es im Wald der Fall war. Wo die Häuser so klein und krumm waren wie die Äcker, die man mühsam bebaute. Wo die Ernte karg ausfiel und ebenso der Lohn der Holzfäller, denen aus Mangel an anderen Arbeitsplätzen aber nichts übrigblieb, als ihn trotzdem zu akzeptieren. So was schlägt bis in die Gene durch oder doch zumindest ins Benehmen. Das formt keine nach außen gekehrten Hoppla-jetzt-komm-ich-Naturen.

Der Bauer im mittleren Inntal dagegen, um beim Beispiel zu bleiben, hatte gemeinhin ein »Sache«, einen Besitz, der ihm ein anständiges Auskommen ermöglichte. Der Frühling kam lauer und vier Wochen früher, der Himmel war weit, und die Welt war offen. Da konnte einem mit dem Herz auch der Mund übergehen. Es ist kein Zufall, daß ein vor sich hin brütender Prophet des Weltuntergangs wie der Mühlhiasl aus dem Bayerischen Wald und nicht aus den Landstrichen weiter südlich stammte.

Und natürlich gab und gibt es einen Unterschied zwischen einem Bürger von Landshut, der in einer prosperierenden Mittelstadt viel näher zu München wohnt als zum niederbayerischen Viechtach, und einem Hauzenberger aus dem hinteren Bayerischen Wald, dessen Marktflecken auf Fremdenverkehr setzt und auf den Granitabbau, oder einem Riedenburger im Altmühltal, von dem die meisten Niederbayern gar nicht wissen, daß er ein Landsmann ist – so eingezwängt zwischen Oberpfalz und Oberbayern liegt das idyllische Städtchen weit ab vom Schuß.

Doch andererseits macht es nicht mehr den Unterschied wie einst. Niederbayern – wie ja andere ländliche Gebiete in Deutschland auch – ist heute nicht mehr kleinräumig und statisch. Früher war es reines Bauernland. Ein richtiger Landwirt ging auf seine Felder, am Sonntag in die Kirche und zum Frühschoppen, und viel weiter ging er nicht, auch nicht beim Heiraten, wo er die gute Partie höchstens im Nachbardorf suchte, weil er da sichere Kunde hatte, wie es ums »Sache« bestellt war. Schon der Ausflug in die nächste Stadt war ein Abenteuer.

Noch in meiner frühen Jugend Anfang der sechziger Jahre konnte man die Bauern aus dem Dörfchen Pielweichs sofort erkennen, wenn sie sich in die nur zwei Kilometer entfernte Metropole Plattling mit stolzen 10 000 Einwohnern wagten. Sie gingen schwerfällig wie hinter ihrem Pflug her, sie trugen keinesfalls die Elvistolle, dafür aber schlechtsitzende Sonntagsanzüge, und die lokalen »Modehäuser« verkauften ihnen händereibend die größten Ladenhüter. Die Pielweichser waren einfach zu linkisch und schüchtern, um gegen ein unverkäufliches laubfroschgrünes Jackett zu protestieren. »Da kommt wieda oana vom Rheinland«, sagten wir hämisch und fanden das Wortspiel: »vom Rheinland, vom Land rein« extrem witzig.

Heute sind die Bauern auch im ländlichen Niederbayern eine Minderheit. Außerdem sind auch sie mobil geworden, und der Radius der Brautschau mißt sich dank ihrer Diesellimousine nicht länger nach Wegstunden. Die meisten Menschen arbeiten inzwischen aber in Behörden, mittelständischen Betrieben oder bei BMW. Und das heißt, sie sind in Bewegung. Das hat die Bodenhaftung verringert. Heute ist Pielweichs ein eingemeindeter Stadtteil von Plattling, und kein Pielweichser ließe sich mehr ein laubfroschgrünes Sonntagsjankerl andrehen. Man kann ihn heutzutage einfach nicht vom Plattlinger unterscheiden.

Niederbayern ist voll motorisiert und vollgepflastert mit Autobahnen, auch das restliche Straßennetz ist von erster Qualität – was bedauerliche Nebeneffekte hat, siehe das Kapitel »Darenna«. Doch die heimische Kirchturmspitze ist nicht mehr die Kompaßnadel des täglichen Lebens.

Zusätzlich haben in der Nachkriegszeit die Flüchtlinge aus dem Osten die Hazzische Phänologie verwässert. Die »runden, fetten Köpfe« der Plattlinger – falls es sie jemals gab – wurden durch Schlesier oder Sudetendeutsche verschlankt, ebenso wie der angeblich verstörte Blick den Schwarzachern durch die Vermischung mit »zuagroasten« Pommern oder Ostpreußen genommen wurde. So ist Niederbayern heute von einem Bevölkerungs-Mischmasch bewohnt – das macht es schwer, den Niederbayern als solchen zu definieren.

Nicht einmal im Glauben an die letzten Dinge ist der »homo bavaricus inferioris« heute klar umrissen. Vor 50 Jahren noch war er katholisch bis auf die starken Knochen – mit Ausnahme der ehemaligen Grafschaft Ortenburg, wo der vom Bayernherzog unabhängige Landesherr im 16. Jahrhundert sich und seine Untertanen dem lutherischen Glauben zuführte, ein Pfahl im Fleisch der Heiligen Mutter Kirche.

Mit der Ankunft protestantischer Flüchtlinge aus dem Osten nach dem Zweiten Weltkrieg aber durchsetzte die Irrlehre des ketzerischen Wittenbergers flächendeckend das rechtgläubige Niederbayern. Diese Formulierung könnte heutzutage im Zeichen der Ökumene vielleicht übertrieben klingen. Doch in meiner Kindheit bezeichnete unser Religionslehrer in der Volksschule, der Herr Benefiziat Rohrmüller, die Protestanten ausdrücklich als Ketzer und schlimmer als die Heiden, weil letztere ja von der wahren Lehre nicht gehört hätten, die Anhänger Luthers aber schon und sie böswillig verfälschten. Im Pausenhof war uns Katholiken das Spielen mit den Ketzer-Kindern, die klar in der Minderheit waren, ausdrücklich untersagt. Ein Trennstrich durch den Kies des Schulhofs gab dem Verbot Nachdruck.

Diese Apartheid-Politik der katholischen Kirche zerbröselte mit dem Ende der Konfessionsschule und der Einführung des Gemeinschaftsunterrichts im Freistaat. Zwar ist der Niederbayer in der großen Mehrheit noch eingeschriebener Katholik, auch wenn ihn Mutter Kirche nicht mehr so ganz im Griff hat. Doch heute kann jeder auch Protestant, Zeuge Jehovas oder gottlos sein, und es gibt keinen Strich im Kies mehr, der ihn ausschließt. Ja, er darf sogar Türke sein und im islamischen Glauben groß geworden, wie uns das Beispiel des Hengersberger Kabarettisten Django Asül zeigt.

Dazu noch die einebnende Großmacht des Fernsehens, die jede Regionalsprache langsam verkümmern läßt, das vielgerühmte bayerische Zentralabitur und über fünfzig Jahre Einheits-Weißblau der CSU-Marketingmaschine – die Konturen verwischen sich. Und so ist es schwer geworden, den Niederbayern als solchen zu definieren. Nicht so sehr, weil er sich von Ort zu Ort unterscheidet, was er auch tut, sondern weil es keine übergreifenden Klischees mehr gibt, die man ihm anhängen könnte. Stockkatholisch. Stockkonservativ. Stockb'suffa. Doch wenn auch jede exakte Definition scheitert, ein unverwechselbares Gütesiegel hat der Niederbayer noch immer. Das unterscheidet ihn von anderen Bewohnern des Freistaats: Er ist naturbelassen, ohne künstliche Aromastoffe.

Niederbayern modern

In den Hügeln steht der Hopfen dunkelgrün und ernst Spalier an seinen sieben Meter langen Stangen und scheint still ergeben auf die Zupfmaschine zu warten. Die Kletterpflanze prägt das Bild der Hallertau, des größten Anbaugebiets der Welt für diesen Basisstoff der Bierbrauer, und so selbstverständlich wie hier die Hopfengärten an den Hängen hochsteigen, wird das immer so sein.

Könnte man meinen. Doch die ruhige Selbstverständlichkeit der geometrischen Felder täuscht. Sie täuscht hinweg über das unschöne Wort Krise, das in der Hallertau häufig zu hören ist. Das »grüne Gold« glänzt nicht mehr wie einst. So wie in den Jahren vor und nach dem Zweiten Weltkrieg, als jeden Spätsommer Tausende von Hopfenpflükkern in die Hallertau anreisten, oft mit Kind und

Kegel, um per Hand die würzig-bitteren Dolden zu ernten.

Heute ist die Hopfenindustrie voll mechanisiert, trotzdem schrumpfen die Gewinnmargen dramatisch. Die Konkurrenz aus den USA und neuerdings aus China drückt heftig auf die Preise. »Eine Tonne Hopfen aus China kostet soviel wie ein Zentner aus der Hallertau«, sagt Leo Salleck, als Chef der Weißbierbrauerei Kuchlbauer in Abensberg ein Hopfenexperte, »da nützt es auch nicht soviel, daß die Qualität bei uns deutlich höher ist.« Dazu kommt ein Überangebot an einheimischem Hopfen, da man in den fetten Jahren die Anbauflächen zu optimistisch ausweitete, und eine Hinwendung der Konsumenten zu leichteren, sprich hopfenärmeren Bieren.

In der Hallertau, dem westlichsten Teil von Niederbayern, lassen es die Bauern zunehmend sein mit dem Hopfen. Sie sind nicht die einzigen, deren traditionelle Existenz in Gefahr ist. Im Gäuboden breiten sich noch immer scheinbar endlose Zuckerrübenfelder aus. Doch inmitten der satten Pflanzenreihen stehen fast flehentliche Schilder wie »Unsere Rüben schaffen deutsche Arbeitsplätze, ausländischer Zucker nicht« und darunter, moderne Zeiten, eine Web-Adresse: *www.rettet-die-ruebe.de*. Der Hintergrund: Die Europäische Union will die Subventionen für Zuckerproduzenten drastisch kürzen.

Die Bauern hier waren immer wohlhabend.

Doch selbst sie müssen heute Angst haben. Sie produzieren im Weltvergleich einfach zu teuer und halten nur durch massive Geldspritzen aus Berlin und Brüssel ihren Lebensstandard einigermaßen aufrecht. »Ich weiß, daß die Zuckerrüben-Subventionen das Gegenteil von freier Marktwirtschaft sind«, sagt mir ein Landwirt aus dem Gäu, »aber ohne sie könnte ich meinen Betrieb gleich zumachen.« Er rechnet mir vor, daß in den vergangenen dreißig Jahren der Preis für einen Zentner Weizen von 25 DM auf fünf Euro verfiel und er heute 150 Hektar, davon 120 gepachtete, bewirtschaften müsse, um über die Runden zu kommen. Sein Vater konnte noch mit dreißig Hektar sehr auskömmlich wirtschaften. Von ehemals zehn Bauern seiner Jugend seien in seinem Dorf ganze drei übrig.

Die Krise der Landwirtschaft selbst im fruchtbaren Herzland macht deutlich, wie dramatisch der Wandel in Niederbayern ist. Auch wenn es auf den ersten Blick nicht so aussieht, Niederbayern ist kein Bauernland mehr, wie es uns seit Ludwig Thoma vorschwebt. Nach einer Statistik der Bezirksregierung in Landshut von 2004 arbeiten noch knapp sieben Prozent der Erwerbstätigen in der Landwirtschaft. Was der Bezirk aber trotzdem weiterhin ist: eine Welt bäuerlicher Prägung. Es gibt sie noch immer, die Frühschoppen, die großen Bauern-Hochzeiten, die Fahnenweihen, die Bittprozessionen, die Hühnerställe für den Eigenbedarf hinter dem modernisierten Wohnhaus und die Liebe zur eigenen Scholle – auch wenn man sie nicht mehr bebaut –, heute Bodenständigkeit genannt.

Ihre Lebensart haben die Niederbayern also nicht grundlegend geändert, ihr Leben dagegen sehr. Was zeigt, daß sie so schwerfällig und unflexibel nicht sein können, wie es das Klischee behauptet. Jeden Morgen setzt sich unchristlich früh eine Armada von Bussen in Bewegung. Eine gigantische Sternfahrt beginnt. Die erste Schicht zum BMW-Werk in Dingolfing ist unterwegs. BMW ist heute mit über 20000 Beschäftigten der größte Arbeitgeber in Niederbayern. 15000 davon kommen aus allen Landesteilen jeden Tag mit dem Bus. Wenn sie in Hauzenberg bei Passau oder hinten im Rottal wohnen, krabbeln sie schon nachts um halb drei aus dem Bett und tappen schlaftrunken zu ihrer Haltestelle. Dort pickt sie einer der 300 Busse auf, die das Netzwerk mit Mittelpunkt Dingolfing bedienen. »Jeden Tag fährt diese Flotte für die zwei Schichten über 40000 Kilometer ab, das heißt, einmal rund um die Erde«, so ein Firmensprecher.

Die meisten schlafen oder dösen in ihren Sitzen. Aber es gibt auch altgediente Pendler, die den Bus als fahrenden Frühschoppen nutzen, allerdings ohne Bier. »Man kennt sich oft schon jahrelang, und da hat man sich was zu erzählen«, sagt eine Arbeiterin aus dem Rottal, Fahrzeit einfach eineinhalb Stunden. Den langen Weg nehmen alle in Kauf. Sie wollen nicht weg von daheim. Ihr Dorf. Ihre Nachbarn. Ihr Schützenverein. »Geh weida, was sollt' i denn drauß'n in Ding'lfing!« Dem behäbigen Ort mit dem Automobilwerk ist diese Heimattreue nur recht. Dingolfing hat kein Interesse an Arbeitersiedlungen am Stadtrand, wie man sie von Industrie-Reportagen aus der Großstadt kennt.

Das Pendeln ist heute des Niederbayern Lust. Ein rechter Niederbayer pendelt zur Zahnradfabrik nach Passau und stellt dort Getriebe und Achsaufhängungen her. Er pendelt nach Plattling und baut Heizkörper, nach Landshut für Elektronik-Chips in Airbags, nach Straubing, um an Kränen, nach Arnstorf, um an Decken für Industriehallen mitzuwirken.

Er verwirklicht in Strasskirchen einen alten Menschheitstraum: den vom verstellbaren Christbaumständer, in dem ohne Schnipseleien und Verfluchungs-Tiraden jeder Fichten- oder Tannenstamm fest und gerade steht wie eine Eins. Das bahnbrechende Weihnachtspatent wird inzwischen millionenfach in alle Welt verkauft. In China macht man davon sogar Raubkopien.

Er fährt sogar nach Bischofsmais im Bayerwald und filetiert oder verpackt Lachse aus Norwegen. Das ist höchst exotisch, aber dann doch erklärbar, denn der dortige Fischverarbeitungsbetrieb begann als bodenständige Forellenzucht. Und höchst erfolgreich, weil der Besitzer flexibel genug war, die Forelle Forelle sein zu lassen und auf importiertes nordisches Schuppengetier umzusatteln.

Die Niederbayern haben sich angepasst. »Die Zeit der Schweinshax'n ist vorbei«, sagt eine Wirtin in Waldhäuser am Lusen und bietet auf ihrer Karte »Latte macchiato« an. Alles richtig geschrieben. Gleich hinter dem Gasthaus beginnt der Beinahe-Urwald des Nationalparks.

Nirgendwo in Deutschland, so scheint mir, gibt es mehr Sonnenkollektoren auf den Häusern als im »rückständigen« Niederbayern. Sie sind von den Dächern inzwischen auch aufs freie Feld übergewandert. Wo vor kurzem noch Gras und Getreide wuchsen, breiten sich zunehmend Solarparks aus. Areale, bestückt mit langen Reihen rechteckiger Glasplatten, in denen photovoltaisch Strom gewonnen und ins öffentliche Netz eingespeist wird. Optisch erinnern die Anlagen an Werke des Verpackungskünstlers Christo. Die größte ihrer Art bei Straßkirchen ist ein 130-Hektar-Projekt. »Sonnenenergie ernten«, sagt auch mein Freund Sepp aus Höhenrain mit schlauem Lächeln. »Und Subventionen.« Von den dreißig Hektar, die ihm gehören, hat er vier abgezweigt und mit Kollektoren bestückt. Das kostete sieben Millionen Euro. Aber jetzt spielt er Golf, anstatt auf dem Traktor zu sitzen, und kann es sich leisten, den Rest seiner Ländereien als Bienenwiesen einzusäen.

In Straubing ist seit 2001 das »Kompetenzzentrum für »Nachwachsende Rohstoffe« angesiedelt. Allgemeinverständlich ausgedrückt: Mitten im Gäuboden sitzen seit ein paar Jahren fähige Leute aus Wissenschaft, Technik und Landwirtschaft, die sich intensiv damit beschäftigen, wie man etwa Sägespäne, Rapsöl und Kuhfladen in Energie umwandeln oder zu umweltfreundlichen Produkten weiterverarbeiten kann. Damit ist Niederbayern auf dem Zukunftsmarkt Biomasse führend und dabei doch nicht weit von seinen agrarischen Wurzeln entfernt. Mit Holz und Vieh und Feldfrüchten hatte man ja schon immer zu tun.

Den Bauern als »Energiescheich«, der die Grundstoffe produziert, die dann zu Energie destilliert werden, könnte man sich in Straubing schon bald gut vorstellen. Immerhin hat der Freistaat Bayern das ehrgeizige Ziel, bis 2020 fünfzehn Prozent seines Gesamtbedarfs an Energie aus nachwachsenden Rohstoffen zu gewinnen. Das Kompetenzzentrum propagiert Biodiesel und Biomasse-Kraftwerke, außerdem Rapsöl zum Schmieren von Kettensägen, Türverkleidungen im Auto aus Flachsfasern oder Schaumstoffmatratzen aus Sonnenblumenöl. Besonders bringt es den Niederbayern das Heizen mit dem erneuerbaren Brennstoff Holz nahe. Dieser fortschrittliche Appell trifft einen nostalgischen Nerv. Denn mit Holz haben die Niederbayern vor der Brikett- und Heizölepoche ihre Öfen fast ausschließlich befeuert. Zurück in die Zukunft, könnte man also sagen.

Der Luftkurort Mitterfels im Bayerischen Wald ist ein Beispiel für die moderne Lust am Holz. Der Marktflecken hat sich schon 1997 für ein Heizwerk erwärmt, mit dem das Hallenbad, die Schulen, das Forstamt, eine Tankstelle, ein Neubaugebiet und seit kurzem eine Großgärtnerei beheizt werden. Beschickt wird es wie der Stubenofen zu Großvaters Zeiten. Na ja, nicht ganz. Denn den Hackklotz und das berühmte aufgeschichtete Holz vor der Hütt'n gibt es nicht mehr in Mitterfels. Der Brennstoff des Heizwerks sind keine Scheiter, sondern Hackschnitzel und Abfallholz, die im Bayerischen Wald mehr als genug anfallen und dank moderner Technik fast rückstandlos verbrennen. Der Opa, der sich beim Holzspalten in der Es-wareinmal-Zeit drei Finger abgehackt hat, würde sich freuen.

Dialekt

Auswärtige, die von Oberbayern nach Niederbayern vordringen, werden auf Anhieb kaum einen Unterschied hören: Außerhalb der Münchner Region verstehen sie hier wie dort fast nichts. Es sei denn, die Leute fallen ihnen zuliebe in das Salonbayerisch, das Sprachwissenschaftler als mundartlich gefärbtes Hochdeutsch, nicht mehr jedoch als richtigen Dialekt bezeichnen. Aber selbst dann wird es schwer.

Denn genuine Bayern – und die gibt es mehrheitlich im niederbayerischen Unterland – fühlen sich in dieser Kunstsprache meist nicht so ganz wohl und sicher. Berühmt ist der selbstkritische Satz: »I kann auch Hochdeitsch mit eana red'n, aber dann verstengans mi erst recht net!« Man sollte allerdings nicht verschweigen, daß neuerdings auch ehrgeizige niederbayerische Mütter ihre Kinder zur feinen Rede anhalten. Wobei sie geradezu rührend mit gutem Beispiel vorangehen. Sehr zum Schaden ihrer Sprößlinge, die auf diese Weise sprachlich für immer unbehaust bleiben. »Daniel, kanntest du mir bitte die Milch reichen?« Um dann, wenn der Kleine mit Absicht kleckert, vom kippeligen Hochdeutsch ganz und gar ins gewohnte Idiom zu verfallen: »Du Hundskrüppel, paß auf d'Mille auf, oda i hau dir's Kreiz ab!«

Selbst wenn er nicht alles begreift, kann auch der Unkundige mit der Hilfe eines sprachlichen Lackmustests relativ leicht feststellen, ob sich sein Gesprächspartner des wahren Dialekts oder der von München aus um sich greifenden verwässerten Mundart light bedient. Sagt der Bayer: »Dös würd' i net machen«, ist das ein starker Indikator für die Lightversion. Im Dialekt müßte er »dös *tat* i net machen« sagen. Denn da existiert der Konditional mit »würde« einfach nicht, sondern nur der mit »täte«, bayerisch »tat«.

Ein zweites Merkmal bringt dann Gewißheit. Verwendet er dort, wo das Hochdeutsche die Personalpronomen »ihr« und »euch« setzt, die seltsam anmutenden Wörtchen »es« und »enk«, dann ist er ein Dialektsprecher reinsten Wassers. »Dös wisst's *es* doch net« heißt »das wißt ihr doch nicht«. Und »dös sag' i *enk*« meint »das sage ich euch.« Die Weicheier der Mundart biedern sich mit »ia« und

»eich« anstelle der beiden Urformen bei der Hochsprache an. Es und enk sind zwei ehrwürdige Überbleibsel aus dem Althochdeutschen, die das Bayerische als einziger deutscher Dialekt bewahrt hat, ein sprachpsychologisches Indiz für das Beharrende im altbairischen Wesen.

Leider sind beide auf dem Rückzug. Selbst in Niederbayern, wo die wahre Mundart – das wird jetzt niemanden mehr wundern – weit lebendiger ist als in weiten Teilen des Oberlandes. Wie schon gesagt, grundsätzlich ist der Dialekt von den Alpen bis zur Donau der gleiche. Nur die Intensität schwankt. Kleine Unterschiede kann man ziemlich vernachlässigen. So sagt man etwa in Oberbayern lieber »Gockerl« statt wie in Niederbayern »Gikkerl«. Und der Stier heißt hier auch so und nicht »Bummerl«, als der er im Gäuboden die Kühe bespringt.

Das ändert sich, sobald man die Donau nach Norden überschreitet und in den Bayerischen Wald kommt. Die schwierige Landschaft dort hat auch sprachlich getrennt. Noch heute muß ich grinsen, wenn ich mich an die Auswärtsspiele der Plattlinger Fußballjugend im Wald erinnere. Wir vom Gäuboden sagten »schiaß'n« für schießen. Unsere Gegner riefen ihrem Mittelstürmer in aussichtsreicher Position vor dem Tor flehentlich zu: »Schoiß, Kare, schoiß!« Das hinderte uns daran – um im modernen Sportjargon zu sprechen –, energisch genug in die Zweikämpfe zu gehen.

Vor Lachen. »Schoißn« klang für uns fast wie scheißen.

Vor allem der östliche Wald hinter Passau hat in seiner ehemaligen Abgeschiedenheit Sonderformen entwickelt. Während überall sonst in Altbayern die Gänsehaut auch »Ganshaut« genannt wird, läuft dort den Menschen eine »Hennahaut« über den Rücken. Sprachforscher erklären das damit, daß in dieser armen Gegend Gänse einfach zu selten waren, um sich als Metapher gegen die bescheidenere Henne durchzusetzen.

Hier nennt man das Mädchen auch nicht »Dirndl« oder »Derndl« wie sonst überall, sondern »das Mensch«, was woanders in Bayern nur ein liederliches Dirndl ist. In diesem Teil des Waldes heißen Mädchen aller Güteklassen so, bis hin zu denen mit dem Lebenswandel einer Nonne. Johannisbeeren werden als »Ribisel« bezeichnet, eine Anleihe aus dem nahen österreichisch-böhmischen Raum. Jeder andere Niederbayer kennt sie als »Weiberl«. Was nichts mit Frauen zu tun hat, sondern mit Weinbeeren. Aus den »Weiberl« machte man früher Obstwein.

Wenn Niederbayern schmatzen, machen sie den Mund auf. Aber nicht zum Essen, sondern zum Reden. »Schmatz net so viel« ist einfach die Aufforderung, den Redefluß zu bändigen. Noch weiter in die Irre führt die »Fotz'n«. Sie ist ein wenig ordinär, unanständig ist sie nicht. Die Fotz'n ist das Gesicht oder das, was manchmal jemand ins

Gesicht kriegt: die Ohrfeige. »Gleich kriagst a Fotz'n!«, sollte man keinesfalls als Angebot mißverstehen. Der »Fotzhobel« ist ein drastischer Ausdruck für die Mundharmonika und kommt zusammen mit dem Instrument langsam aus der Mode. Neben Fotz'n kennt der unverfälschte Dialekt für das menschliche Antlitz in seiner eher mürrischen Ausprägung die schönen Wörter »G'fries« oder »Lätsch'n«. Ersteres hat mit fressen zu tun, siehe auch Fresse. Lätsch'n erschließt sich schwer, doch schon der Klang deutet auf nach unten gezogene Mundwinkel hin.

Die Eskimos sollen für alle Nuancen von Schnee 500 verschiedene Wörter haben, da sich bei ihnen das ganze Leben darum dreht. Soweit geht der Niederbayer nicht mit dem, was ihm wichtig ist. Doch in Anbetracht der Palette, über die er für die fundamentale Tätigkeit des Beischlafes verfügen kann, muß sie ihm schon auch ziemlich am Herzen liegen: pack'n, hupf'n, stopf'n, nagl'n, botzl'n, pumpern, pouss'n, stöss'n, aufehau'n, zamhau'n, bürschtl'n, bratzl'n und – falls es in einer Schwangerschaft endet – aufpump'n. Ganz im Osten soll er auch »pudern« oder »schnacksl'n« sagen, doch das sind österreichische Leihgaben.

Niederbayerisch für Kenner auf unverfänglichem Terrain ist etwa »g'wappelt«, was wohlhabend, gut betucht, bedeutet. Oder »Gloifel«. Das Wort meint einen groben, dummen Menschen und soll sich von den Agilolfingern ableiten, dem ersten bayerischen Herzogsgeschlecht, das ausgesprochen glücklos gegen die frühmittelalterlichen Franken operierte. »Rogel« steht für eine große Papiertüte und zusammen mit »wax« auf der Liste der vom Aussterben bedrohten Dialektwörter. Heute benutzt man Plastiktüten, und kleine Kinder gehen nicht mehr barfuß. Damit erledigt »wax« sich, denn es drückt das Gefühl aus, das man mit nackten Sohlen auf einer Kiesbank oder einem Stoppelfeld verspürt.

Ein Charakteristikum ohne jede Abnutzungserscheinungen ist der niederbayerische Hang, jedem Auszug aus dem Gelobten Land, sprich dem Heimatort, eine eindeutige Richtung zu geben. Zum Beispiel fährt ein Deggendorfer nicht einfach nach München, er fährt »nach Minga auffi«, hinauf. Ebenso nach Regensburg. Nach Passau dagegen fährt er »abi«, hinab. In den Bayerischen Wald fährt er »eini«, hinein, und wenn es dort in den letzten Winkel geht, sogar »hintre«, nach hinten. Nach Plattling zieht es ihn »aussi«, hinaus in die Gäuebene. Besucht er Metten, das nur fünf Kilometer weg ist, fährt er jedoch nur »ummi«, hinüber.

Die nachgestellte Wegbestimmung ist eine Folge der Mannigfaltigkeit seiner Heimat. Nach München auffi und nach Regensburg auffi, drückt abgekürzt isaraufwärts bzw. donauaufwärts aus. Passau und abi steht für donauabwärts. Eini in den Wald, aussi in die Ebene und ummi überall dorthin, wo keines der anderen Wörter paßt. Diese Richtungswut setzt einen Fixpunkt voraus, den Heimatort. Sie ist ein Beweis für Bodenständigkeit. Ich bin mir sicher, daß Nomadenvölker in ihren Sprachen diese Art der Peilung nicht kennen.

Der niederbayerische Dialekt ist genau und drastisch. Sentimental ist er nicht. Einem Todkranken gibt er den Rat: »Du darfst aa scho schön langsam beim Herrgott um guat's Wetter bitt'n!« Und wer im Leid versinkt, kann zu hören bekommen: »Was ma weint, dös braucht ma nimmer bieseln.« An dieser rauhen Herzlichkeit ändert auch die häufige Verwendung der Nachsilbe »-erl« nichts. Sie dient wertneutral der Verkleinerung in allen Facetten: Auterl (kleines Auto), Manderl (Männchen), Teiferl (Teufelchen) oder Schlagerl (leichter Schlaganfall) .

Leider hat das »-erl« sich überall dort eingeschlichen, wo Folklore verbreitet werden soll. Lokale mit weißblauer Anmutung etwa streuen es wie Sacharin über ihre Speisekarten. Schmankerl, Pfanderl, Gaberl bis hin zum völlig absurden »Bierbraterl«. Gepaart mit so urbayerischen Attributen wie knackig oder dufte ergibt die Erl-Schwemme das pseudobajuwarische Kauderwelsch, das der Niederbayer gar nicht schätzt.

Noch mehr mißbilligt er Auswärtige, die penetrant in seiner Sprache dilettieren. Nicht den abenteuerlustigen Fremden, der sich einmal an einem

Wort wie »Muichhaferl« oder »zwiegatz'n« versucht und scheitert. Das ist spaßig und aller Ehren wert. Wohl aber den fehlgeleiteten Neubürger, der glaubt, Bayerisch zu können, gnadenlos die Nasallaute vergewaltigt, die Konsonanten verhärtet, zwischendurch sogar den Imperfekt gebraucht. So was erinnert ihn an Lateinamerikatouristen, die einen Sombrero und einen Poncho tragen in der festen Meinung, jetzt würden auch die Mexikaner »Pedro« zu ihnen sagen.

Rokoko und Glaube

Der Kreisheimatpfleger von Deggendorf sieht aus wie ein Metzger. Arme, denen man zutraut, mit einem Beil auf einen Schlag eine Ochsenhüfte zu spalten, und unter straff gespannten Hosenträgern ein Bauch, zu dem man in Niederbayern anerkennend »a richtige Wamp'n« sagt. Er sieht nicht nur so aus, der Kreisheimatpfleger, er ist auch Metzger – und er liebt die Kunst. Mehr als die schönste Schweinehälfte und sicher mehr als Biber und Borkenkäfer, seine natürlichen Feinde, die praxisfremde Umweltschützer leider hätscheln anstatt bekämpfen würden. Der Biber mit seiner unterirdischen Wühlarbeit bringe es fertig, daß ganze Traktoren in den landwirtschaftlich genutzten Boden einbrechen, dort, wo er ihn unterminiert habe. »Und der Borkenkäfer, der im künstlichen

Urwald vom Nationalpark Bayerischer Wald ungestört vor sich hin fressen darf, pfeift auf die Parkgrenzen und macht auch die angrenzenden Privatwälder kaputt«, sagt der Pfleger / Metzger in eher rauhem Ton.

Doch seine Stimme wird zärtlich, fast fromm, wenn er von seiner ehrenamtlichen pflegerischen Arbeit und ihrer Krönung, der Rokokokirche in Loh, spricht. Jahrelang habe er – erst der Papierkram, dann die zähe Praxis – gearbeitet für die Renovierung, das Ergebnis sei mehr als nur der Mühe Lohn: »Die Kirche zum Hl. Kreuz in ihrem neuen Glanz ist ein Wunder.«

Wo er recht hat, da hat er recht, der Kreisheimatpfleger. Loh ist ein Wunder. Nicht nur niederbayerische Lokalpatrioten halten das Bauwerk aus der zweiten Hälfte des 18. Jahrhunderts der weltberühmten Wieskirche im bayerischen Oberland für mindestens ebenbürtig. Dabei liegt Loh fast unbemerkt wie unter einer Tarnkappe inmitten von Zuckerrübenfeldern irgendwo im Niemandsland des Gäubodens zwischen Straubing und Plattling. Am bescheidenen Wegweiser mit der Aufschrift »Rokokokirche« donnert der Verkehr auf der bestens ausgebauten B 8 vorbei; wer hier überhaupt Richtung Donau abbiegt, will meist nach Irlbach zur Schloßbrauerei. In Loh gibt es keinen Parkplatz für Ausflugbusse, und sogar das Wirtshaus, das in Niederbayern traditionell in himmlisch-weltlicher Symbiose dem

Gotteshaus gegenüber lockt, ist hier häufig geschlossen.

Die Tür zum Friedhof steht offen, auch die nächste, die zum Wunder. Man ist meist mit ihm allein und überwältigt von der Eleganz des Innenraums in seinen Gold-, Rosa-, Grau- und Beigetönen. Unwillkürlich fällt einem Mozart ein angesichts dieser genial verspielten Sinfonie von Licht, Form und Farbe mitten in einem sonst ziemlich gesichtslosen Dorf. Eine rote Kordel, die den Altarraum vom Kirchenschiff und den Besuchern trennt, sowie ein dezentes Hinweisschild auf eine angebliche Alarmanlage sind die einzigen offiziellen Anzeichen dafür, daß der Betrachter in einem Kunstwerk ersten Ranges steht.

Woanders würde ein Rokokokleinod wie dieses Besucherschwärme, Orgelkonzerte und Devotionalienhändler nach sich ziehen. In Loh fragt man ganz unsicher eine Frau, die auf einem Grab die Astern gießt, ob die Kirche wirklich nicht geschlossen sei, so still, so unaufgeregt und selbstverständlich liegt das außen schlichte Gebäude da. Das mag damit zu tun haben, daß Niederbayern mit einigen wenigen Ausnahmen noch immer im Windschatten des Tourismus dämmert, bei »Germany in seven days« decken das Oktoberfest, Neuschwanstein oder der Königssee die weißblaue Ecke ab.

Das hat aber auch einen hausgemachten Grund, auf den Niederbayern stolz sein kann: Loh, so schön es ist, hat eine Menge Konkurrenz im eigenen Land. Zu einer Zeit, als in Europa die Aufklärung dem Universalanspruch der Religion heftig zusetzte und die Französische Revolution schon mit ihrer Forderung von Freiheit, Gleichheit und Brüderlichkeit am Horizont heraufdämmerte, wurden im katholischen Bauernland Kirchen gebaut, die noch einmal fast wie in einer Trotzreaktion Gottes Macht und Herrlichkeit vor Augen führen sollten. Niederbayern ist voll mit Kloster- und Wallfahrtskirchen aus Spätbarock und Rokoko, deren Innenräume in ihrem steinernen Jubel den Himmel als greifbares Erlebnis auf die Erde nieder holten.

Rohr, Weltenburg, Mallersdorf, Metten, Altenmarkt, Niederaltaich, Aldersbach, Fürstenzell, um nur die herausragendsten zu nennen – überall Pracht, Sinnlichkeit, Bewegung in Vollendung. Und überall bemerkenswert wenig Trubel. Kirchen, in denen jeder noch fast ungestört Zwiesprache halten kann mit dem lieben Gott. Oder mit der Schönheit.

Zum Beispiel Rohr und seine Klosterkirche »Mariä Himmelfahrt«. Auf Nebensträßchen zu erreichen, die man zur Erntezeit mit Traktoren teilt. Auch hier an einem blauen Septembertag kein auswärtiges Auto auf dem Vorplatz. Drinnen gehört einem die himmelwärts fahrende Maria über dem Hochaltar ganz allein. Die entschwebende Jungfrau in luftiger Höhe scheint alle

Erdenschwere abgelegt zu haben. Das steinerne Mirakel ist ein Werk des jüngeren der Gebrüder Asam. Dieses Brüderpaar hat in der ersten Hälfte des 18. Jahrhunderts mehrere niederbayerische Kirchen ausgestattet. Dabei vergaß es seine Förderer nicht. Hinter der auffahrenden Maria prangt das weißblaue Rautenwappen der Wittelsbacher.

Oder Weltenburg, die meistbesuchte Klosterkirche aus dem Spätbarock in Niederbayern. Ein goldstrotzender Sankt Georg erlegt auf dem Hochaltar den teuflischen Drachen, der sich vergebens windet – Sinnbild des letztendlichen Sieges der himmlischen Mächte über die Kräfte der Finsternis. Auch in Mallersdorf siegt auf dem meisterhaften Hochaltar der Himmel über die Hölle. Hier sind es der Erzengel Michael und der Engel der Apokalypse, die gemeinsam dem Drachenteufel, der sich diesmal sogar siebenköpfig – trotzdem aber erfolglos – tückisch und giftig krümmt, den ewigen Garaus machen.

Nach ein paar Tagen Gold, Glanz und Gloria quer durch Niederbayern schmerzen die Augen, und der Kopf hat Mühe, alle Eindrücke der richtigen Kirche zuzuordnen. War die Kanzel mit den Symbolen der vier Evangelisten nun in Loh? Oder in Niederaltaich? Nein, Niederaltaich kann es nicht gewesen sein. Dort machten die gruseligen Skelette von Märtyrern mit perlenbestickten und edelsteinübersäten Gewändern in Glassärgen leise erschaudern. Und der wohlbeleibte, betende

Ordensbruder, der vor dem Altar kniete, paßte als lebendes Gesamtkunstwerk perfekt ins spätbarocke Bild. In Metten war es die Klosterbibliothek, in der es auch asketischen Mönchen schwerfallen mußte, sich beim Studieren nicht von der Pracht der Säle ablenken zu lassen. Beim Kirchenschiff der Asam-Brüder in Aldersbach verknäueln sich die Details im Gedächtnis, so randvoll ist es mit güldenem Stuck.

Wenn uns schon diese Pracht fast erschlägt, was konnte ein Bauer im 18. Jahrhundert, der aus seiner verrauchten, strohgedeckten Hütte kam, hinter der die Schweine grunzten und der Misthaufen dampfte, angesichts dieser überirdischen Herrlichkeit anderes tun, als auf die Knie zu fallen und zu bekennen: »Herr, ich glaube!«?

Es war und blieb immer ein sehr sinnlicher Glaube mit einer starken diesseitigen, handfesten Komponente. Niederbayern hat nie große Mystiker oder Moralisten hervorgebracht, die nur aus sich selbst und ihrem Gewissen heraus den steinigen Pfad zu Gott bahnen wollten. Dafür jede Menge Wallfahrten, Bittgänge, Prozessionen, Gelübde, Rituale. Mutter Kirche, durch ihren irdischen Glanz als Stellvertreterin des Überirdischen auf Erden ausgewiesen, hatte ihre Kinder auf dem Weg ins Paradies an die Hand zu nehmen.

Und so ist in Niederbayern auch heute noch die Frömmigkeit mehr ein Kirchenglauben als eine

Gewissensfrage. Religion, die sich an Symbolen aufrichtet und an Traditionen.

Natürlich haben auch bei uns die Kirchenaustritte zugenommen wie überall in der modernen, skeptischen Welt. Natürlich ist auch viel Scheinheiligkeit und Berechnung dabei, wenn bei der Fronleichnamsprozession der gesamte Gemeinderat – Sozis eingeschlossen – mit feierlich demütigem Blick hinter der Monstranz herschreitet, die der Stadtpfarrer in vollem Ornat wie ein Feldzeichen hochhält, und dann das erlauchte Gremium zum Läuten der Altarschellen auf die Knie sinkt (und jeder dabei genau aufpaßt, daß er an einer Stelle niederkommt, an der die beste Hose nicht schmutzig wird). Das ist Ritual, das wird erwartet.

Wo es nicht auffällt, kann man die Frömmigkeit ja durchaus abkürzen: Beim vierten und letzten Altar der Fronleichnamsprozession, an dem sich der feierliche Zug zu einem unübersichtlichen Knäuel staut, beginnt das große Davonstehlen der Würdenträger. Denn niemand vermag im Durcheinander das Ausharren einzelner Personen und ihre religiöse Ergriffenheit zuverlässig zu registrieren.

Und nicht selten rutscht die Frömmigkeit in inbrünstigen Kitsch ab. Etwa bei der vielstrapazierten Waldlermesse: »Jetzt geh' i voll Freid'n ins Waldhütterl nauf, da zittert jed's Asterl so fromm und so froh. Der Herrgott segnet d' Welt mit der Himmelsmonstranz, die Waldorgel braust, oa

Glück und oa Jubel, wohin d' nur grad schaugst. Fest wia a oachaner Baum, so steht mei Glaub'n, und koa Wetta kann den Glaub'n mir nimmer raub'n…«

Doch es wäre sicher falsch, den hier so übertourten »oachanen«, sprich eichernen, Glauben der heutigen Niederbayern – und das ist überwiegend der katholische – nur als überkommenes Brauchtum ohne jede religiöse Substanz zu betrachten. Er ist auch heute mehr als eine Hülse mit viel Patina. Wenn am Pfingstwochenende das halbe Dorf Holzkirchen mit einem haushohen, wachsumwikkelten Fichtenstamm zwei Tage die 75 Kilometer zum Bogenberg pilgert, wie es schon seit 500 Jahren Brauch ist, tut man das auch, weil es eine Gaudi ist und ein Event fürs Bayerische Regionalfernsehen.

Aber was die Vorfahren der heutigen Holzkirchner der Bogener Madonna aus Dank für die Errettung ihrer Wälder vor dem Wüten des Borkenkäfers gelobten, ist ihren Nachkommen noch immer ein Anliegen. Die Erfüllung des Gelübdes gibt ihnen das beruhigende Gefühl, mit dem Himmel irgendwie im reinen zu bleiben. Auch wenn sie an Marias rettende Hand vor dem Baumfraß nicht mehr so recht glauben.

Oder doch? Am Rand des Gäubodens ragen auf einem Hügel die zwei barocken Zwiebeltürme von Haindling postkartenreif empor. Sie gehören nicht zu einer, sondern zu zwei Kirchen, die direkt nebeneinander stehen. Die eine ist dem »Heiligen Kreuz«, die andere der »Heiligen Gottesmutter« geweiht. Nach der Lebensweisheit »Doppelt genäht hält besser« suchten und suchen hier die Gläubigen Zuspruch und Beistand der zwei höchsten Instanzen ihres Glaubens.

Das Wallfahrerbuch, das in der Marienkirche ausliegt, bezeugt ergreifend das ungebrochene Vertrauen vieler Menschen in die direkte Hilfe des Himmels für ihre ganz irdischen Probleme – weit entfernt von jeder abstrakten Theologie. (Die zitierten Bitten und Danksagungen stammen alle aus den Jahren nach 2000):

»Danke, Mutter Gottes, erhöre mein Beten weiterhin, heile mich von den Gelenkschmerzen, Schlaflosigkeit und die Enkelin von Hautleiden. Laß meinen Mann gesund bleiben.«

»Liebe Mutter Gottes, ich habe große Angst vor der Zukunft. Hilf mir und meiner Familie!«

»Mutter Gottes, hilf meinem Enkel, daß er eine Arbeit findet.«

»Ich möchte, daß alles wieder gut wird, bitte, lieber Gott«

»Hilf mir und meinen Brüdern in der Schule.«

»Liebe Mutter Gottes, laß unsere Tochter Irmgard, die nach einer Gehirnblutung in tiefem Koma liegt, wieder aufwachen. Ich war 1945 selbst Lehrer in Haindling und habe hoch oben auf der Orgel immer zu Deiner Ehre und zu Deinem Lob gespielt.«

Dieses schlichte Flehen geht zu Herzen und kommt von Herzen. Getreu den Versen katholischer Kirchenlieder, wie sie jeden Sonntag die Gemeinde singt: »Wer sich ganz auf Gott verläßt, dessen Glück steht felsenfest« oder »Nein, oh Mutter, weit und breit, schallt's durch deiner Kinder Mitte, daß Maria eine Bitte nicht erhört, ist unerhört, unerhört in Ewigkeit.«

In diesem Sinn fordern die niederbayerischen Bauern dem Himmel seine Hilfestellung für ihre Arbeit manchmal geradezu ab. Bittgänge für eine gute Ernte gehören im Frühsommer noch immer in die Landschaft. Höhenrain ist ein kleines Dorf mitten im Gäuboden. Am »Schauer-Freitag« versammeln sich vor der Peterskapelle die Höhenrainer. Die Alten sind, soweit sie noch laufen können, fast alle da. Doch auch viele jüngere Leute kommen dazu. »Weil es immer so war«, sagt der Staudinger Sepp.

Zusammen mit den anderen Bauern von Hohenrain ist die Familie Staudinger für den Unterhalt des Kirchleins und die Ausrichtung der Bittprozession zuständig. Beides finanziert sich durch den Holzschlag aus einer Fichtenwaldung, die vor ein paar Generationen von einer mildtätigen Seele für diesen Zweck dem Dorf vermacht wurde. Hinter dem Priester ziehen dann die Gläubigen durch die grün sprießenden Felder, Gebete murmelnd und fromme Lieder singend, deren Schall der Frühnebel dämpft. Auf den heute überall geteerten Wirtschaftswegen klumpt sich dabei nicht mehr der Lößboden an den Schuhen wie einst.

Der Staudinger Sepp weiß nicht so recht, ob er an die segensreiche Wirkung dieses Rituals glaubt oder nicht. Ebensowenig ist sich der diplomierte Landwirt der schützenden Kraft sicher, die den jährlich drei Messen im Peterskircherl nach alter Überlieferung innewohnen soll. Doch das Dorf richtet sie weiterhin aus. Und selbstverständlich habe er in der Kapelle geheiratet. Bis heute halte die Ehe. Bis zum Beweis des Gegenteils lebe er nach dem Satz, der so gut wie keiner die niederbayerische Einstellung zu den letzten Dingen ausdrückt: »Geb'n kannt's eps, nix g'nau's woaß ma net, und schad'n tuat's nia!« (Geben könnte es was, etwas Genaues weiß man nicht, und schaden tut es nie.)

Marktplätze

Das unvermeidliche Kriegerdenkmal. Leicht angewittert, es gedenkt steinern der Toten von 1914–18 und derer des halbvergessenen Deutsch-Französischen Kriegs 1870/71. Davor ein Wahlkampfplakat des örtlichen CSU-Kandidaten. Trotz seiner Jugend scheint er auf dem besten Weg zu der Art von fleischig-rotem Schädel, den der Niederbayer »Gschwoll-Kopf« nennt und gern als Reifesiegel ansieht. An einem Haus mit breiter Hofeinfahrt eine Gedenktafel. Aha, der Dichter Hans Carossa verbrachte hier elf Jugendjahre. Ein schief geklebtes Poster, das für die »Goaßmaß Time« in Ottering wirbt, täglich von 20 bis 22 Uhr. Happy hour auf Neubayerisch.

Ein Holzkruzifix ragt über den ersten Stock des Gasthofs »Zum Kirchenwirt« hinaus. Auf der Speisekarte stehen Ćevapčići und Djuveč-Reis. Unter einer Barockfassade gibt es »Ali Kebap« und im wuchtigen »Landshuter Hof« heißt der Bewirtungsbetrieb jetzt »Bistorante«. Das Geschäft, auf dessen Schaufenstern noch »Penny-Markt« steht, hat aufgegeben. Das Einkaufszentrum auf der grünen Wiese knapp hinter dem Ortsschild war zuviel an Konkurrenz.

Die Sparkasse und die Apotheke machen Mittagspause. Auch der Elektroladen liegt still da. Ob er geschlossen hat oder keine Kunden, ist aus der Distanz nicht auszumachen. Aus der Pizzeria »Isola d' Ischia« schallt Schmuserock auf den Marktplatz, unterbrochen von einem Werbespot für ein Möbelhaus in Milano. Milano, nicht Mailand. Alles auf italienisch. »I kriag dös über Satellit«, sagt der Wirt in bestem Dialekt. Das Italienisch auf seiner Karte dagegen läßt zu wünschen übrig. Carpacio. Grigliatta. Schon zu lange weg von daheim.

Mittag im Markt Pilsting. Längst keine weißblaue Idylle mehr mit einem »Landshuter Hof«, der, sagen wir mal, für Wollwürste und Märzenbier berühmt wäre, mit der Reserl ihrem Kolonialwarenladen oder dem »führenden Haus am Platze für Landmaschinenkauf sowie Reparatur«. Doch ein Marktplatz, niederbayerischer geht es nicht. So weit, so offen ist er. Ausreichend für den Auftrieb ganzer Viehherden, der Zweck, dem er ursprünglich diente. Gewichtig und ein bißchen großspurig, so wie Niederbayern sich hinsetzen.

Pilsting ist nur ein Beispiel aus der großen Zahl breit hingelagerter Städte und Marktorte, die so typisch für Niederbayern sind. Sie alle mußten sich räumlich nie beschränken. Im Gegensatz zu den freien Reichsstädten wie etwa Regensburg, deren Gebiet stets eingeengt und bedrängt war durch den Herrscher des umliegenden Territoriums und die daher wenig Platz für Plätze hatten. Denn die Wittelsbacher als Landesherren hatten kein Interesse, ihre Untertanen kurz und klein zu halten, diese Orte gehörten ihnen ja. Daher legten sie die Stadt- und Marktplätze in ihrem Reich möglichst großzügig aus. Das half an jedem Markttag dem Umsatz und damit der herzöglichen Steuerkasse.

Vor allem in den größeren Herzogsstädten waren die zentralen Plätze Ausdruck von Wohlstand und Bürgerstolz. In Straubing und Deggendorf setzten die Bürger selbstbewußt das Rathaus mitten auf den freien Platz, überhöhten es mit einem Turm, der jedem, der sich der Stadt näherte, schon von weitem verkündete: »Mir san mir!« In Landshut stifteten sie sich selbst die spätgotische Martinskirche, deren Turm mit 131 Metern das höchste Backsteinbauwerk der Welt ist und wie ein Finger Gottes die beiden ausladenden Straßen überragt, die hier etwas irreführend »Altstadt« und »Neustadt« heißen und eher Plätzen als Straßen gleichen.

Heute sind diese Marktplätze weite Freiräume, städtebaulicher Gegenbeweis zur angeblichen

Enge niederbayerischen Daseins. Die Rentner treffen sich hier, sitzen auf einer Bank in der Sommersonne, holen sich einen Kaffee »to go« aus dem Bistro dahinter, schauen mit leiser Wehmut den kichernden Realschülerinnen nach, die gerade die Mathestunde schwänzen, und grüßen zum Biobauern hinüber, der wie jeden Tag an seinem Stand organisch gezogenen Radicchio und von Polen geerntete Gurken verkauft. Das Stadtcafé und die italienische Eisdiele haben schon ihre Sonnenschirme aufgespannt, gleich werden die Hausfrauen zu einem Erholungsstündchen zwischen Shopping und Friseur einfallen.

Der Herr mit dem »Wachturm« in der Hand preist vor der Mariensäule unbewegt und stumm seinen steilen Weg zur ewigen Seligkeit an. Die frischvergoldete Muttergottes auf ihrem Sockel, irgendwann einmal zum Dank für die Errettung aus Kriegs- oder Pestgefahr errichtet, hat ebenso stumm, doch hold lächelnd, nichts dagegen. Ein steinerner Brunnen plätschert, eine Gruppe dunkelhäutiger Asylbewerber unterhält sich in einer uns unverständlichen Sprache und spritzt sich lachend mit dem Wasser der Fontäne an, ein Spaß, der nichts kostet.

Zum Glück haben noch rechtzeitig vor der Jahrtausendwende auch die Niederbayern erkannt, daß Stadtplatz und Parkplatz kein Synonym ist. Lange Zeit hatten sie als große Anhänger automobiler Bewegung fest daran geglaubt, es gebe nichts

Schöneres, als mit geparkten Pkws jeden freien Raum im Zentrum lückenlos aufzufüllen. Heute sind gotische Rathäuser und barocke Brunnen nicht mehr von abgestellten Blechkisten umkränzt. Die Autos dürfen sich meist nur noch am Rand vorbeidrücken und auf Stundenbasis parken. Die Plätze gehören wieder denen, für die sie gedacht waren: den Menschen.

Die scheinen keinen absichtlichen Blick zu haben für das Filigranwerk an den Fassaden spätgotischer Bürgerhäuser, für die Barockgiebel voller Schwung oder den Turm der Stadtkirche, dessen perfekte Dimensionen seinen Baumeister einst durchwachte Nächte und inbrünstige Stoßgebete gekostet haben müssen. Doch unbewußt schwingt die weite, gelassene, heitere Harmonie dieser Plätze bei den Leuten mit, die sie beleben.

Bayerischer Wald

Der nördliche Teil Niederbayerns ist fast vollständig vom Bayerischen Wald bedeckt, ein paar größere Lichtungen ausgenommen. Man kann ihn grob in drei Zonen einteilen. Erstens: den Urwald – auch Nationalpark genannt. Zweitens: den Tourismus-Wald – dort wächst, blüht, welkt der Fremdenverkehr. Drittens: den Einfach-So-Wald, wo vor allem Glas geblasen und gependelt wird.

Zusammen mit dem Böhmerwald auf der tschechischen Seite ist der Bayerwald das größte zusammenhängende Waldgebiet Mitteleuropas, was die Bezirksregierung in Landshut unter der Rubrik »Niederbayerische Superlative« zu Recht stolz anführt. Bis vor fünfzehn Jahren hat man das kaum bemerkt. Da kam nach Bayerisch Eisenstein das Nichts, sprich der Eiserne Vorhang. Der Bayerwald schaute nur nach vorne, hinaus zur Donau und zum Gäuboden. Hinten gab es nur stundenlange Wartezeiten an der Grenze. Jetzt hat der »Wald«, so sein niederbayerisches Kürzel, wieder eine Rückseite, auch wenn dort das Bier »Pivo« und die Mädchen »Ludmilla« heißen. Doch das haben die Waldler so schnell gelernt wie die tschechischen Mädel den Eurokurs.

So urig, wie ihn der Fremde sich vorstellt, ist der Wald samt seiner Bewohner nur im Nationalpark. Er war der erste seiner Art in ganz Deutschland und ist noch immer der größte. Allerdings ist er ziemlich menschenleer, trotz der rund einen Million Besucher pro Jahr. Denn er dient seit 1970 primär nicht dem Menschen, sondern der Natur, so wie Gott sie schuf, und da kann man Touristen, die Minigolf spielen, am Lagerfeuer grillen und immer einen Parkplatz ganz in der Nähe haben wollen, nicht so richtig unterbringen. Ein Urwald soll er sein, der Nationalpark, wo abgelebte Bäume ächzend in sich zusammenbrechen, junges Grün nach Herzenslust wuchert und jedes Häslein sein Gräslein findet. Also ist er in weiten Teilen für den Publikumsverkehr gesperrt.

Woher aber nun die eine Million Besucher? Sie kommen vor allem wegen der Tierfreigehege am Parkrand bei Grafenau. So ganz als unberührte Natur konnten die Verfechter der Idee vom Urwald ihr Projekt dann doch nicht gestalten. Denn das hätte ja möglicherweise bedeutet, daß nicht nur das sanfte Rehlein durch die sich selbst überlassenen Wälder streifen würde, sondern auch der zähnefletschende Wolf oder der tödlich geschmeidige Luchs. Also griff doch Menschenhand ein und sperrte das Großwild weg.

Zur Freude der Betrachter, die jetzt ganz übersichtlich die urtümliche Tierwelt Mitteleuropas auf ein paar Quadratkilometern in gut gesicherten Gehegen vor Augen haben. Auf einem Rundweg, der sogar rollstuhlgeeignet ist. Die Bären hinter Gittern, Wölfe und Luchse hinter Stacheldraht, der Rest nur hinter einem Maschenzaun. Weil es eh schon egal war, packte die Nationalparkführung die Tierreservate ganz schön voll: Bären, Wölfe, Luchse, Wisente, Wildschweine, Hirsche, Uhus, Auerhähne, Wildkatzen, Marder, Biber und Fischotter.

Trotzdem verspürt mancher Besucher eine gewisse Enttäuschung. Viele Viecher sind so unverschämt und verstecken sich in ihren weitläufigen Gehegen, anstatt sich wie anständige Zootiere gut sichtbar zu präsentieren. Fernglas mitbringen, rät die Verwaltung, und am frühen Morgen gegen sieben da sein, wenn gefüttert wird!

Es ist schon mindestens zweimal vorgekommen, daß der schreckliche Wolf in kleinerer Stückzahl aus der Gefangenschaft entwich. Alarmstufe Rot bei den Waldbauern der Umgebung! Sie fürchteten um ihre Rinder, ihre Schafe, ihre noch nicht schulpflichtigen Kinder. Dabei ist bis heute nicht ein Fall belegt, daß ein Wolf in Europa je einen Menschen tötete. Sicherheitshalber aber brachte man die entflohenen Tiere schnell zur Strecke, beim letztenmal sogar auf Anordnung des Passauer Staatsanwalts, der befürchtete, die Bestien aus dem Gehege könnten schon zu sehr an Menschen gewöhnt sein, um das zu tun, was wilde Wölfe machen: vor den Zweibeinern davonlaufen.

Noch gefürchteter als der Wolf ist im Umland des Nationalparks ein Biest von nur ein paar Millimetern Länge: der Borkenkäfer, auch Buchdrukker oder Kupferstecher genannt. Diese Insekten sind wahre Killer. Sie töten Fichten in den besten Jahren, indem sie in Millionenscharen die Bäume von innen her auffressen. Im Nationalurwald läßt man sie ungestört wüten als Teil des natürlichen Ökosystems. In einer 500 Meter breiten Randzone zu den Privatwäldern werden sie bekämpft.

Bäume mit Borkenkäferbefall werden dort gefällt; ähnlich der Abwehr eines Waldbrandes schafft man eine Schutzschneise, damit der Käfer nicht nach draußen überspringt. Doch bei den Forstbesitzern außerhalb herrscht trotzdem lautes Wehklagen über die Ansteckung ihrer ach so kerngesunden Bäume mit der Käferpest aus dem Urwald – so können sie Schadenersatz vom Bayerischen Staat fordern. Der Befall tritt zwar auch in Gegenden auf, bei denen kein Nationalpark in der Nähe liegt, aber wo ein Sündenbock ist, deutet man halt auf ihn. Andere Menschen stört der

Buchdrucker gemeinhin nicht. Er ist kein Fleischfresser.

Kommen wir zu Wald zwei, dem der Touristen. Er kann wunderschön sein. Wenn der Schnee den Arbergipfel weiß einpackt, wenn die Kämme des vorderen Waldes in der Abenddämmerung blaue Wogen werden wie von Caspar David Friedrich gemalt, wenn auf der Bergwiese vor einer schindelgedeckten Wallfahrtskapelle der Löwenzahn knallgelb explodiert.

Er kann auch nerven. Dort, wo ihm die weißblaue Schminke aufgelegt wird, wo man die bayerische Einheitspampe anrührt mit Almenrausch, Wadelstrümpfen und Hollarädihü. In Bodenmais am Fuß des Arbers, dem führenden Fremdenverkehrsort im Wald, gibt es etwa die »Kuhalm«, Untertitel »Urige Waldschenke«, und sogar die »Trachtenalm«, einen Laden für Dirndl und den schon angesprochenen Alpen-Smoking. Die Alm ist so niederbayerisch wie das Edelweiß. Beides existierte hier nie.

Den Hang vom Arber halbwegs herunter steht ein Berggasthof. Herrliche Aussicht. Gute Küche. Freundliche Bedienung. Der Wirt sitzt auf der Sonnenterrasse und begrüßt in Lederhosen und Wadelstrümpfen seine Gäste, die ihre Skistöcke für das Nordic Walking jetzt beiseite legen. Vorher hat sie schon ein Gartenzwerg auf den Terrassenstufen begrüßt. Jedesmal, wenn jemand vorbeigeht, pfeift er automatisch eine kurze Melodei. Aus der Lautsprecherbox schallt das volkstümliche Lied »Annelies vom Tegernsee«. Alle finden sich enorm zünftig.

»Was kannst scho macha, die Fremden woll'n dös halt«, sagen achselzuckend die im Tourismus tätigen Waldler und pflanzen ihre Balkone mit Geranien voll. Auch das wollen die Fremden. Sie kommen meist nicht in den Wald, weil er anders ist als die Alpen, sondern weil er preiswerter ist, das billigere Bayern, in ihren Augen aber dasselbe.

Die Tourismuslandschaft Bayerwald kann nicht in Ursprünglichkeit und Tradition versteinern. Der amtliche Heimatpfleger muß nicht bei jeder Idee, die Gäste anlocken könnte, kulturpolitische Korrektheit bescheinigen. Die meisten Touristen verlangen heute einfach mehr als nur Landschaft. Sie wollen das Erlebnisbad »elypso«, das Blasmusikfestival »bluval« (wer außerhalb Niederbayerns errät, was der Name bedeutet, erhält eine Trompete!), die Ritterkomödie »Ja so warn's...« in historischer Burgruinen-Atmosphäre und wahrscheinlich sogar eine Westernstadt »Pullman City« tief drin im Bayerwald, wie der große Publikumszuspruch vermuten läßt.

Aber sie gehen gerne in das Museumsdorf Bayerischer Wald, das Freigehege für die traditionelle Holzarchitektur der Waldlerdörfer. In der ungeschützten Landschaft sind die graubraun gealterten Holzhäuser auf ihrem Granitfundament inzwischen so selten wie die Iglus bei den Eskimos. Und natürlich haben die Fremden nichts dagegen, daß Privatbrauereien sie heute bei täglichen Führungen an ihren Kupferkesseln vorbeischleusen und Bärwurzdestillen an ihren Brennkolben – Probierschlucken und unverbindliche Gelegenheit zum Einkauf inklusive.

Und dann stehen sie mit Erstaunen vor den Totenbrettern am Wegesrand. Diese hölzernen Gedenktafeln für verstorbene Verwandte erleben seit ein paar Jahren eine Renaissance im Bayerischen Wald. Ob aus neu erwachter Volksfrömmigkeit oder gewachsenem Regionalstolz, sei dahingestellt.

Manche der Vierzeiler auf den Totenbrettern sind schlicht und ungelenk:

»Du warst gut im Leben,
tatest willig deine Pflicht,
so werden denn wir, die leben,
auch Dein vergessen nicht.«

Manche sind schlicht ergreifend:

»Mein Kind, das war ein Rosenknopf,
wollt eine Rose werden,
da kam der Tod und roch daran
da war's nicht mehr auf Erden.

Totenbretter sind kein Tourismusgag. Aber gerade deswegen sind sie ein gutes Beispiel, welchen Weg der Fremdenverkehr im Wald gehen muß, um sich vom Alpenvorland abzuheben: mehr hin zur Heimat und weit weg vom Bayernklischee.

Den größten Teil des Bayerwalds macht Wald drei aus, der Wald, der einfach da ist. Für seine Bewohner und auch gegen sie. Vor 200 Jahren fühlte der Freiherr von Hazzi sich in der Gegend von Zwiesel »ganz in eine sibirische Wüstenei versetzt. Der immerwährende Wald und die hohen Gebirgsauftürmungen scheinen hier die Erde zu begrenzen, so wie die kleinen hölzernen Hütten eher einen Aufenthalt wilder Tiere als gesitteter Menschen vermuten lassen. Das Klima ist rauh, beinahe unaufhörlich braust der Nordwind. Für Menschen, deren Brust geschwächt ist, ist hier keine Bleibe.«

Bis heute heißt der innere Bayerische Wald »Bayerisch Sibirien«. Daran sind nicht nur die eisigen Winter schuld. Die Menschen nördlich der Donau waren lange, so eine treffende Selbsteinschätzung, »so arm, daß wir nichts haben, nicht einmal Probleme«. Sie schauten von ihren steinigen Äckern neidvoll hinaus in den Gäuboden, wo der Lößboden so fett war wie die Kühe und meist auch die Bauern. »Es hat halt nicht jeder das Glück, daß er im Gäu auf d' Welt kommen ist«, hieß ein gängiger Seufzer.

Die Waldler waren schon froh über eine Milchkuh und ein bisschen Arbeit im »Holz«. Sie konnten sich privilegiert fühlen, wenn sie in einer Glashütte Lohn und Brot fanden (was aber wirklich nicht mehr als Brot bedeutete). Die Glasbläserei stellte über Jahrhunderte die einzige Erwerbsquelle jenseits der ärmlichen Landwirtschaft dar. Holz für die Schmelzöfen gab es, Quarz als Rohstoff auch. Der Bayerwald war überzogen mit einem Netz von Glashütten. Orte wie Regen, Spiegelau oder Frauenau wären ohne sie kaum denkbar. Sie waren bis vor kurzem das Rückgrat des Erwerbslebens.

Mit dem Wirtschaftswunder nach dem Zweiten Weltkrieg kamen die Mobilität und die dringende Nachfrage nach Arbeitskräften »auf dem Bau« aus den Boomregionen im südlichen Bayern. Jeden Sonntagabend brachen die Männer aus ihren Dörfern Richtung München auf. Im Kadett oder im Goggo zwei Arbeitskollegen, ein Stück »Gselcht's« und fast immer einen Kasten Bier. Am Freitagnachmittag brausten sie zurück. Die Freunde und die Bierflaschen waren wieder dabei, das Gselchte nicht mehr. Da die Waldler schnell nach Hause zu Weib und Kind wollten und die Bierflaschen zum sofortigen Verbrauch bestimmt waren, krachte es häufig auf den Bundesstraßen. Jedesmal wurde der Stau im Nadelöhr Landshut verflucht, der die Heimkunft unweigerlich verzögerte. Die Autobahn München – Deggendorf – Passau gab es noch nicht.

Umziehen zum Arbeitsplatz kam für die meisten nie in Frage. Erstens war »Minga« zu teuer. Und zweitens: Daheim ist daheim. »Lieber dahoam a Kartoffelsupp'n als drauß'n a Schweinsbrat'n«, ist eine Redensart, die deutlich vor Augen führt, daß der Waldler seine Heimat nicht primär über den Geldbeutel definiert.

Heute ist die feuchtfröhliche Pendlerkarawane in die Landeshauptstadt Vergangenheit. Der Bauboom hat aufgehört. Bei der Arbeit wird nicht mehr so g'suffa wie einst. Die Alkoholkontrollen auf der Straße sind strenger.

Auch die große Zeit der Glashütten ist vorbei. 1965 waren allein in Frauenau mit seinen 3000 Einwohnern 1100 Menschen in der Glasherstellung beschäftigt. Vierzig Jahre später sind es noch 250. Automatisierung. Billiglohnländer.

In der Hütte der Freiherrn von Poschinger, die es seit 400 Jahren gibt, blasen jetzt noch ganze sechs Personen Glas. Sie tun das mehr oder weniger zur Erbauung der Touristen. Das ist heute Trend in der Glasindustrie. »Kleine Betriebe, die künstlerische Glasarbeiten herstellen, Führungen veranstalten und hoffen, daß dann die Leute ihnen auch was abkaufen«, sagt der Frauenauer Bürgermeister. Trotzdem hat der Ort, der einmal als »rote« Bastion galt, seine Arbeitertradition nicht ganz verloren. Die SPD ist im Gemeinderat noch immer die stärkste Fraktion, ein kleines Wunder im tiefschwarzen Niederbayern.

Wohin mit der ganzen überschüssigen Arbeitskraft? Sie pendelt, wie der Rest von Niederbayern auch. Im eigenen Land zu BMW in Dingolfing und in die mittelständische Industrie von Deggendorf, Straubing oder Zwiesel. Im Fremdenverkehr sei über die bescheidenen Frauenauer Dimensionen hinaus nicht mehr viel zu holen. »Da sind wir einfach zu spät dran«, sagt der Bürgermeister. Außerdem, Arbeitsplätze für die Einheimischen seien auf diesem Sektor sowieso kaum drin. »Die werden aus Tschechien aufgefüllt.«

Tschechien. Seit 1945 fast fünfzig Jahre lang aus Waldler-Sicht praktisch Niemandsland. Vorher wohnten auf der anderen Seite der Grenze Brüder im Geist und in der Sprache. Der Böhmerwald war genauso dunkel wie der Bayerwald. Die Glashütten waren ähnlich zahlreich. Der Dialekt war nur in Nuancen verschieden. Und daß Adalbert Stifter in Oberplan als Böhme und nicht als Bayer seine Romane schrieb, ist eine Frage von ein paar Kilometern.

Mit dem Ende des Sozialismus steht Böhmen wieder offen. Zwar gibt es dort die Deutschen nicht mehr. Sie wurden nach dem Zweiten Weltkrieg vertrieben, und der Böhmerwald heißt heute Sumova. Der Waldler geht trotzdem gerne nach drüben. Direkt hinter der Grenze hat sich ein abenteuerliches Gemisch aus Sex und Schund angesiedelt. Grelle Nutten stehen unter Fichten (meist nicht lange), Reklametafeln preisen »Gentleman-Clubs« mit eindeutigen Namen wie »Afrodita« oder »Ekstase« an. In improvisierten Freiluftläden verhökern vietnamesische Immigranten atemberaubenden Kitsch: knallbunte Glaskugeln oder Michelangelos David in Plastik und allen Größen, Frottée-Badetücher, auf denen eine Blondine gerade ihren BH abstreift, ein Hirsch im Dickicht röhrt oder Donald Duck in die Luft geht.

Der Zuspruch ist groß. »Kost ja praktisch nix«, sagt zufrieden ein Besucher und enteilt mit einem Gartenzwerg und einem giftgrünen Badetuch, Design »Wenn der BH fällt«. Im Lokal mit den flammenden Neonherzen ein paar hundert Meter weiter war er heute schon. Das Bier dort »kost ja praktisch auch nix«, Ludmilla redet ihn seit seinem dritten Besuch mit »Spatzerl« an und ist preisstabil. Manchmal versucht sie sogar schon mitzusingen, wenn er und seine Spezerln nach getaner Liebeslust das schöne Lied »Ja, mir san im Wald dahoam« anstimmen. Aber jetzt muß er wirklich dringend zurück. Die Alte wartet daheim, und ein bisserl mißtrauisch ist sie schon, daß er so oft über die Grenze zum Tanken fährt.

Donauschleife

Die Fensterscheiben im »Mühlhamer Keller« fangen an zu zittern, und da weiß auch der Gast mit dem Rücken zur Donau: Jetzt ist es wieder einmal soweit. Ein Schiff! An diesem schönen Wintertag ist es die »Saale« aus Würzburg. Mit rauschendem Bugwasser tuckert sie stromaufwärts, das Vibrieren der Scheiben läßt nach, und fünf Minuten später ist sie knapp neben dem barocken Zwiebelturm der Aichaer Kirche hinter der Flußbiegung verschwunden. Die reifbedeckten Äste der Uferweiden funkeln in der Sonne wie Kristall. Still, als wäre nie was gewesen, liegt die Donauschleife da. In der Gaststube wendet man sich wieder beruhigt dem Weißbier zu oder betrachtet respektvoll den kapitalen ausgestopften Waller an der Wand. Eineinhalb Meter lang und zwanzig

Kilo schwer. Hier gefangen. In der Donau tut sich was.

Auf ihr nicht so viel. Die nächste Stunde klirren die Scheiben nicht mehr. Rein statistisch ist das in Ordnung. Viel mehr als dreißig Schiffe täglich kommen übers Jahr nicht vorbei an Bayerns derzeit umstrittenster Flußbiegung.

Die Industrie- und Handelskammern Bayerns, natürlich die Binnenschiffer-Vereinigungen und vorne dran die Bayerische Staatsregierung, also der Menschenkreis, der glaubt, am meisten von Wirtschaft und Fortschritt zu verstehen, behaupten, hier könnte nautisches Leben und Treiben herrschen wie auf dem Rhein. Na ja, oder wenigstens wie auf dem Neckar. Ein Hin und Her von Schubschiffen, von Lastkähnen im Viererpack, das eine oder andere Ausflugbötchen dazwischen. Beflaggt mit allen Nationalfarben Europas. Hinab bis ins ferne Rumänien und mittels des Rhein-Main-Donaukanals hinauf bis weiß Gott wohin! Wenn, ja wenn der Fluß überall zwei Meter fünfzig tief wäre! Das ist er nicht auf den siebzig Kilometern zwischen Straubing und Vilshofen. Doch für diese Tiefe würden die Befürworter des Donauausbaus schon sorgen. Falls man sie nur ließe. Heute sei die Donau zu seicht für wirklich regen Schiffsverkehr, und daher schwächle sie als Wasserstraße.

Um genau zu sein, dieser imaginäre Hochbetrieb würde nicht mehr direkt am Mühlhamer Keller herrschen. Denn die Stromschleife, an der er liegt, müßte durchstochen werden, abgeschnitten wie ein Blinddarm, ersetzt durch eine schnurgerade Fahrrinne. Zwei Meter fünfzig tief auch bei Niedrigwasser. Klar sei es schade um diese malerische Haarnadelkurve in der Donau. Auch wenn es die letzte auf bayerischem Boden im Naturzustand ist, kleine Opfer verlange die Zukunft eben. Außerdem sei doch ein schönes Altwasser auch etwas, richtig angelegt sogar ökologisch!

Wie immer heutzutage aber hat auch hier jemand was dagegen, den Strom stromlinienförmig und zukunftsorientiert zu machen. Ja wenn es sich nur um ein paar Grüne oder die notorischen Quertreiber vom Bund für Naturschutz handelte! Die hätte die Landesregierung schon längst in die Ecke der Ökophantasten, um nicht Ökospinner zu sagen, gestellt. Ausgegrenzt. Lächerlich gemacht.

Schließlich sind wir genau hier in schwarzen Stammlanden. Ein bißchen flußauf fuhr die CSU im Wahlkreis Straubing bei den beiden letzten Wahlen das bundesweit beste Ergebnis der Christdemokraten ein. Ein wenig flußab wurde sie beim Politischen Aschermittwoch zuerst im legendären Wolferstetter Keller zu Vilshofen und dann in der inzwischen abgerissenen Nibelungenhalle zu Passau jahrzehntelang bei Bier und Steckerlfisch bejubelt. Und daß ihr Vorsitzender für Niederbayern zugleich Wirtschaftsminister in München ist, sollte eigentlich auch schon alle Bremsversuche im Ansatz erledigen.

Doch der Widerstand kommt auch aus einer Ecke, die man salopp den Herrgottswinkel nennen könnte. Und das ist für eine Regierungspartei, die das »C« für christlich an vorderster Stelle in ihrem Namen führt, seit über zehn Jahren ein echtes Problem. Ein paar Kilometer oberhalb der Mühlhamer Schleife ragen die wuchtigen Doppeltürme des Benediktinerklosters Niederaltaich gen Himmel. Das angeschlossene musische Gymnasium hat einen hervorragenden Ruf. Im Biergarten hinter der Abtei trifft sich unter Kastanien der ganze Marktflecken. Im Innenraum der Kirche schäumt der Barock geradezu über. Niederbayern fürs Wahlplakat.

Leider könnte die CSU die beiden bekanntesten Würdenträger der Gemeinde nicht mit aufs Werbefoto nehmen. Denn der Altabt des Klosters und der Bürgermeister von Niederaltaich sind entschiedene Gegner des Donauausbaus. Beide sind fromm. Allerdings auf die etwas andere Art.

Der Bürgermeister heißt so bayerisch, daß es bayerischer nicht mehr ginge, Josef Thalhammer. Studierter Theologe. Verheiratet, fünf Kinder, eins davon schwerbehindert, eins in Brasilien adoptiert. Sechzehn Jahre arbeiteten er und seine Frau als kirchliche Entwicklungshelfer im Hinterland von Salvador da Bahia, lebten mit den Armen und lernten von ihnen.

Als die Familie nach Niederbayern zurückkam, fing sie Schritt für Schritt an, sich in der Lokalpolitik zu engagieren. Auch hier mit dem Grundgedanken, dazu beizutragen, für den Menschen das Wunder Schöpfung menschenwürdig zu erhalten: »Groß bist Du, Herr, und wunderbar sind Deine Werke, und kein Wort reicht aus, Deine Wunder zu besingen.« 2002 wählten die Niederaltaicher den Thalhammer Sepp, der so redete wie sie und so dachte wie sie, nur manchmal ein bißchen weiter, als parteilosen Kandidaten zu ihrem Bürgermeister. Vorher waren er und seine Frau schon einige Jahre im Gemeinderat gewesen.

Da war der Kampf um die zwei Meter fünfzig tiefe Donau schon heftig im Gange und der Abt von Niederaltaich eine ausgesprochen unbequeme Figur. Ein alter Herr von beachtlicher Körpergröße mit weißem Bart und einem Namen, den man so in Bayern nicht kennt. Emmanuel Jungclaussen kommt aus Frankfurt/Oder und paßt auch sonst nicht ins niederbayerische Raster. Zwar schreibt er Bücher mit Titeln wie »Das Herzensgebet« und hält Vorträge über katholische Mystiker. Da würde man doch eigentlich erwarten können, daß er mit christlichen Politikern an einem Strang zieht.

Doch was machte dieser Abt aus dem Osten? Er stellte sich an die Spitze der frommen Seelen im Donautal, die einen naturbelassenen Strom als göttliches Geschenk ansehen: »Hier können wir noch begreifen, daß der Schöpfer alles wunderbar geschaffen hat, auch für uns Menschen.« 1995 errichteten die christlichen Widerständler ein drei Meter hohes Donaukreuz, und Jungclaussen segnete es. Diese Segnung der frei fließenden Donau gab es von nun an jedes Jahr und jeden Monat ein Donaugebet, was alles auch von den Medien eifrig wahrgenommen wurde. Abt Emmanuel segnet heute noch immer, auch wenn er inzwischen im Ruhestand ist.

Außerdem zeigten die unbotmäßigen Christen, daß sie durchaus von dieser Welt waren. Sie arbeiteten eng mit den üblichen Verdächtigen vom Naturschutz zusammen. Die fertigten Einsprüche und Gegengutachten zu den Planungen der Staatsregierung an. Der Kreis um die Donausegnungen gab dem Protest den spirituellen und auch optisch wirksamen Überbau.

Der Niederaltaicher Bürgermeister säte handfeste Zweifel bei den Menschen am Strom. »Moanst du, daß dir dös was bringt, wenn da hundert Schiff am Tag durchfahr'n? Deswegen verkaufst du net eine Wurstsemmel mehr.« Und er wies auf die ungeklärte Frage hin, wie weit der Grundwasserspiegel bei einer Flußregulierung absinke mit nicht absehbaren Schäden für Hab und Gut. Denn er wußte, allein der Erhalt der Schöpfung oder auch der des Naturschutzgebiets an der Isarmündung mit seinen Bibern, Eisvögeln und Moosfröschen fünf Kilometer donauaufwärts würde das praktische Gemüt seiner Bürger vielleicht nicht ausreichend rühren.

Die Regierung in München war besorgt. Genauer, sie war wütend. Kruzitürken! Warum mußten diese Schwarmgeister alles in der Bibel ernst nehmen außer dem zentralen Satz: »Macht euch die Erde untertan«, der doch ganz klar auch das Begradigen, Einbetonieren und Aufstauen der Donau theologisch rechtfertigte, ja irgendwie sogar verlangte? Nur richtig unternehmen konnte sie nichts. Sollte sie einem Abt das Beten und Segnen verbieten? Unmöglich. Oder einen Bürgermeister mit Diplom in Katholischer Theologie und Festanstellung im Bistum Passau radikaler Umtriebe bezichtigen? Unglaubwürdig.

So blieb und bleibt ihr nichts anderes übrig, als das zähe Hin und Her von Raumordnungsverfahren, Planfeststellungen, Einsprüchen, Anhörungen, Gutachten und Gegengutachten zu akzeptieren, das noch immer andauert. Der Ausgang ist ungewiß.

Wenn jemand den Thalhammer Sepp und seine Frau fragt, warum sie so hartnäckig sind in ihrem Widerstand, zeigen sie ein kleines, braungemustertes Schneckenhaus vor. Der Sepp hat es zum 60. Geburtstag geschenkt bekommen. »Theodoxus danubialis. Der Donau Gottesgeschenk«, sagt er, »eine Schnecke, die nur noch hier vorkommt, wo das Wasser richtig fließt. Sie ist für uns das Sinnbild dessen, was auf dem Spiel steht.« Man sei ja nicht gegen einen schonenden Ausbau der Donau, der die Schiffahrt erleichtere. Mehr brauche es auch nicht, die enthusiastischen Tonnageprognosen der Befürworter des Maxikonzepts erscheinen höchst zweifelhaft. Eine Fahrrinne mit Staustufen und Stichkanälen sei überflüssig.

Eins würde sie sicher: den Charakter der Donau noch weiter ändern. Den Strom, der Niederbayern zusammenhält. Sein Eintritt in den Regierungsbezirk ist mit dem Weltenburger Donaudurchbruch als Canyon zwischen Kalksteinschluchten spektakulär – und dem Ausbaudrang der Planer entzogen. Denn Weltenburg liegt glücklicherweise vor der Einmündung des Rhein-Main-Donaukanals. Doch dahinter haben sie die Donau bis Straubing schon zurechtgehobelt. Mit dem Fluß wurde eine Landschaft begradigt, in der die Römer siedelten, sich die ersten Bajuwaren tummelten und die Nibelungen ihrem Untergang entgegenzogen.

Wer den Lauf der Donau in Niederbayern so erhält, wie er heute noch ist, bewahrt nicht nur ein Biotop, sondern auch ein Kulturdenkmal. Neben den Naturschützern haben sich sämtliche sieben bayerischen Bezirksheimatpfleger gegen Staustufen und Begradigungen ausgesprochen. Im CSU-Staat sind sie sicher mehrheitlich nicht der Opposition zuzuzählen, trotzdem sind sie dagegen. Ob es ihr Fachverstand bringt oder vielleicht sogar der Segen von Niederaltaich? Noch fahren die Schiffe am Mühlhamer Keller vorbei. Und leise klirren die Fensterscheiben.

Berühmte Niederbayern – ein kurzes Kapitel

Die Niederbayern haben die Menschheit nie mit großen Dichtern und Denkern behelligt. Wahrscheinlich wollten sie einfach nicht so genau wissen, was die Welt in ihrem Innersten zusammenhält. Aufklärer wie der schon erwähnte Freiherr von Hazzi sahen den Hang zur intellektuellen Selbstbescheidung natürlich als dumpfe Beschränktheit an. Und diese Fehleinschätzung lebt bis heute weiter – außerhalb Niederbayerns. Dabei entspringt diese Haltung eher einem tief verwurzelten Pragmatismus: Warum intellektuell nach den Sternen greifen, wenn in Reichweite des praktischen Verstandes genug zu packen und anzupacken ist?

Und so gibt es eben keinen niederbayerischen Goethe oder Kant, nicht einmal einen Landshuter oder Passauer Ludwig Thoma. In unserer Vergangenheit ragt schon ein Joseph Turmair alias Aventinus aus Abensberg heraus. Er hat es immerhin zum »Vater der bayerischen Geschichtsschreibung« gebracht. Und ein Ulrich Schmidel, der, so unwahrscheinlich es klingt, ein Mitbegründer der argentinischen Hauptstadt Buenos Aires war (siehe das folgende Kapitel). Nicht zu vergessen den Straubinger Emanuel Schikaneder, der zur »Zauberflöte« das Libretto schrieb. Mit dem naiven Durcheinander seines Freimaurerspektakels hätte er den Welterfolg des Mozartschen Geniestreichs beinahe noch verhindert.

Niederbayerns Prominenz stammt also nur spärlich aus der Sphäre des Dichtens und Denkens – und außerdem meist auch noch von auswärts. Ein »Zuagroaster« der ganz frühen Jahre ist der heilige Severin. Er tat sich im Passau der spätrömischen Zeit als unermüdlicher Retter der Bedrängten vor den wilden Germanenscharen hervor, war jedoch aus dem Rheinland zugewandert. Die Renaissancemaler Albrecht Altdorfer und Wolf Huber kommen aus Regensburg bzw. Vorarlberg, auch wenn auf ihren Bildern die niederbayerische Donaulandschaft im Mittelpunkt steht. Der Arzt und Schriftsteller Hans Carossa (1878–1956) verbrachte einen großen Teil seines Lebens in Niederbayern, was dazu führte, daß heute ein Landshuter Gymnasium seinen Namen trägt. Geboren aber wurde der Dichter mit der ambivalenten Haltung zum Krieg und den Nazis im oberbayerischen Bad Tölz.

Prominent, skandalumwittert und nicht von hier war auch Agnes Bernauer. Die Baderstochter aus Augsburg hatte dem jugendlichen Wittelsbacher Albrecht, der in Straubing residierte, den Kopf verdreht und ihn möglicherweise im geheimen sogar geheiratet. Das verwundert nicht, da bei ihr »eine ungemeine Leibsschönheit und anmuthige Gebärden« auf der Habenseite standen. Leider aber hatten die Mädchen aus den Badestuben zu Beginn des 15. Jahrhunderts etwa den Ruf, den heute Dolly Buster genießt. Daher wollte Herzog Ernst, Albrechts Vater, von München aus der heißen Liebe nicht tatenlos zusehen. Immerhin stand die Erbfolge der Wittelsbacher auf dem Spiel.

Als die schöne Agnes einmal allein in Straubing weilte – der Herr Gemahl war auf einem mehrwöchigen Verwandtschaftsbesuch –, ließ Ernst sie durch den Rat der Stadt ins Gefängnis werfen und in einem Blitzprozeß als Hexe zum Tode verurteilen. Das war ziemlich fies, aber für diese Zeit irgendwie logisch: Schließlich hatte das »böse weip« seinen Buben verhext. Von der Donaubrücke wurde Agnes Bernauer im Oktober 1435 »Richtung Himmel abgefertigt«, so eine zeitgenössische Quelle, was real einen finalen Abgang in die Gegenrichtung bedeutete. Sie wurde gefesselt in den Fluß gestürzt, konnte sich verzweifelt rudernd über Wasser halten, bis einer der Henker mit einer Stange die junge Frau untertauchte und ertränkte.

Als er vom Tod seiner Buhle erfuhr, wütete der junge Witwer ein wenig, sein Vater hatte ein leicht schlechtes Gewissen, eine jährliche Gedenkmesse wurde gestiftet, und schon ein Jahr später heiratete Albrecht – wieder in bestem Einvernehmen mit dem Papa – standesgemäß. Der Fall der Bernauerin war zur allgemeinen Zufriedenheit gelöst, und Niederbayern hatte von nun an eine Celebrity ersten Ranges. Ihr Ruhm überdauerte die Jahrhunderte und wurde erst von Uschi Glas übertroffen.

Historisch ist das ausgesprochen unfair gegenüber einem der größten Niederbayern überhaupt, der nur das Pech hat, sein Genie in einem Gebiet bewiesen zu haben, das wenig glamourverdächtig ist: in der Physik. Der Straubinger Glasersohn Joseph Fraunhofer (1787–1826) gilt als Vater der Lehre von der Brechung des Lichts. Als Sohn eines Handwerkers ging Fraunhofer praxisnah vor. Er berechnete nicht nur Vergrößerungsgläser von bis dahin unerreichter Qualität. Er stellte auch eigenhändig die Mixtur für Glas höchster Reinheit her und ließ dann die Linsen unter seiner Aufsicht schleifen.

Eine Kapriole des Schicksals hatte erst seine Arbeit ermöglicht. Mit vierzehn Jahren war er als Lehrling einer Glasschleiferei in München beim Einsturz eines Hauses verschüttet worden. An den Rettungsarbeiten hatte der bayerische Kurfürst persönlich Anteil genommen. Als man den Jungen nach vier Stunden lebend aus den Trümmern geborgen hatte, beglückwünschte ihn der allergnädigste Landesherr und beschenkte ihn mit achtzehn Gulden. So wurde der kleine Joseph berühmt, und der Prominentenbonus half ihm entscheidend, seine Karriere anzuschieben. 1826 starb Fraunhofer – inzwischen geadelt – mit 39 Jahren an Tuberkulose.

Die Fachwelt hat Fraunhofers Pionierrolle für Astronomie und Astrophysik längst gewürdigt: Die bundesweite »Gesellschaft zur Förderung der angewandten Forschung« trägt seinen Namen. Außerhalb der Wissenschaft ist Straubings, wenn nicht Niederbayerns größter Sohn weitgehend unbekannt.

Wen hingegen bewundert die gemeine Welt, wen der Niederbayer selbst? Zeitgenössische Größen aus Gäu und Wald. Wir erinnern uns im Sport kurz an Klaus Fischer, Fußballprofi aus Kreuzstraßl, den König des Fallrückziehers aus allen Lagen. Und an Klaus Augenthaler, den Mann von Fürstenzell mit einem Gesicht wie Bayerwaldgranit und einer ähnlichen Spielweise beim FC Bayern München und in der Fußball-Nationalmannschaft.

Auch zum Showbusineß hat das zeitgenössische Niederbayern Beachtliches beigetragen. Da wäre der traurige Fall des Rex Gildo, des Schlagerstars mit der Frisur wie eine Roßhaarmatte. Als Ludwig Franz Hirtreiter ebenfalls in Straubing geboren, sang er sich akzentfrei mit zeitkritischen Hits wie »Fiesta Mexikana« – unsterblicher Refrain »hossa, hossa« – oder »Geh'n sie aus, im Stadtpark, die Laternen« gleichermaßen in Jungmädchen- wie Schwiegermutter-Herzen, was ein Mißverständnis war: Ludwig Franz interessierte sich nie für Frauen. Als er nur noch auf Kreuzfahrten und bei Baumarktseröffnungen auftreten durfte, nahm sich Rex Gildo 63jährig das Leben.

Uschi Glas aus Landau, erst Sekretärin beim Fuhrunternehmen Wamprechtshammer, dann »Schätzchen« eines deutschen Jungfilmers, später patente Geschäftsfrau und Mutter mit Herz und Dekolleté in zahllosen TV-Serien. Heute von einem Ex-Mann, der mit einer Brezenverkäuferin durchging, einem Sohn, der sich gern prügelt, und einer Schönheitscreme, die angeblich auf der Haut Blasen wirft, gezeichnet.

Und unvermeidlich Daniel Küblböck aus Hutthurm im Bayerischen Wald. Container-Star für zwei Jahre. Er konnte nicht singen, was ihn und seine Fangemeinde überhaupt nicht störte: »Es wär still im Wald, wenn nur die begnadetsten Vögel singa derften«, sagte Küblböck im besten Bühnen-Bayerisch und träumte von einer Art Musik speziell für ihn, »die wo es noch gar net gibt.« Auf dem Höhepunkt seiner Blitzkarriere durfte er sich ins Goldene Buch der Stadt Eggenfelden eintragen und war laut ZDF-Umfrage der sechzehntwichtigste Deutsche aller Zeiten, gar nicht weit hinter

Albert Einstein. Nach seiner Kollision mit einem Gurkenlaster bei einer Fahrt ohne Führerschein büßte er allerdings rapid an Wichtigkeit ein und singt heute mit Titeln wie »Born in Bavaria« seiner einstigen Glorie hinterher.

Das Kapitel »Berühmte Niederbayern« möchte ich nicht mit einem Eintagspromi unserer Tage enden. Ich muß es auch nicht. Schließlich kommt ein Bundespräsident aus Landshut. Roman Herzog, Staatsrechts-Professor und Präsident des Bundesverfassungsgerichts füllte das höchste Amt in Deutschland von 1994 bis 1999 aus. Dabei hielt er die berühmte Rede »Durch Deutschland muß ein Ruck gehen« und bewies so, was das Denken angeht, der Welt und seinen niederbayerischen Landsleuten: »Schaugt's, es geht doch!«

Der Niederbayer als Kosmopolit

Wer hat Buenos Aires gegründet? Wer dreitausend Krokodile erlegt? Man glaubt es kaum, ein Niederbayer. Einer aus Straubing. Einer, dem das Leben im Gäu zu langweilig geworden war und der Ruf des eben entdeckten Amerika als Goldland zu laut und verlockend. Ulrich Schmidel, Sohn eines angesehenen Kaufmannsgeschlechts, trat als Soldat in spanische Dienste, schiffte sich 1534 in Antwerpen Richtung Neue Welt ein und strafte damit schon im 16. Jahrhundert den Gemeinplatz niederbayerischer Bodenständigkeit Lügen.

Dort angekommen, sah er Flüsse »breit wie die Donau« und Berge, die »dem Bogenberg« bei Straubing glichen. Doch jenseits dieser Heimatgefühle war der junge Mann bei den Indianern allem

Neuen aufgeschlossen: »Wenn sie Krieg führen und Feinde fangen, Weib oder Mann, mästen sie die Gefangenen, so wie man in Deutschland ein Schwein mästet. Ist aber das Weibsbild etwas jung und schön, so behält er es ein Jahr oder etliche, und wenn es in dieser Zeit nicht nach seinem Gefallen lebt, schlägt er es zu Tode, ißt es und hält ein großes Festbankett – wie woanders eine Hochzeit gehalten wird.«

So beschrieb Ulrich Schmidel in seinen »Wahrhaftigen Historien einer wunderbaren Schiffahrt«, was er 1536 am Parana-Strom beim Volk der Carios erlebte. Schauderte es den Straubinger angesichts dieses Verhaltens? Oder tat er es achselzuckend unter »andere Länder, andere Sitten« ab? Schwer zu entscheiden. Die Zeiten waren hart und unsentimental auch in Europa, ein Menschenleben war nicht besonders viel wert, außerdem schließlich und endlich in Gottes Hand – wer ins Gras beißen mußte, der konnte immer noch auf die ewige Barmherzigkeit hoffen.

Andererseits glaubt man immer wieder hinter der kühlen Sachlichkeit, mit der Schmidel die Raubzüge und Metzeleien der Spanier beschreibt, die einen großen Teil seines Berichts ausmachen, wenn schon kein Mitgefühl, so doch einen ausgeprägten Gerechtigkeitssinn zu verspüren. »Gott weiß, daß wir ihnen Unrecht taten«, schreibt er über das Hinschlachten eines eigentlich befreundeten Indianerstamms. Um sich dann aber doch ganz selbstverständlich und scheinbar unbewegt daran zu beteiligen: »Danach ließen wir Christen unsere Büchsen abgehen und brachten sehr viele um. Fingen bis zu zweitausend Mannsbilder, Weiber, Buben und Maidlein, verbrannten danach ihren Flecken und nahmen all das, was sie hatten.«

Gerade weil seine Berichte so spröde und ungerührt klingen, sind sie eine der verläßlichsten Quellen über die ersten Jahrzehnte der spanischen Herrschaft in der Region um die Rio de la Plata-Mündung, ein Gebiet, das heute zu Argentinien, Uruguay, Paraguay und Südbrasilien gehört. In Buenos Aires hat man deswegen dem Landsknecht aus Straubing ein Denkmal gesetzt.

Selten gab Schmidel Dinge wieder, die er nur vom Hörensagen kannte, wie die Existenz der sagenhaften Amazonen, die seit der Antike durch die abendländische Phantasie geistern: »Diese Amazonenweiber haben nur eine Brust und kommen nur drei- oder viermal im Jahr zu ihren Männern, und wenn sie mit einem Knäblein schwanger sind, so schicken sie es ihrem Mann heim. Ist es aber ein Maidlein, behalten sie es bei sich und brennen demselben die rechte Brust ab, damit sie nicht weiter wachsen kann. Das ist aber die Ursache, daß sie ihre Waffe, den Bogen, gebrauchen können. Denn es sind streitbare Weiber, und sie führen Krieg wider ihre Feinde.« Fast überflüssig zu sagen, daß Schmidel nie eine der geheimnisvollen Kriegerfrauen zu Gesicht bekam.

Alligatoren und Wasserschlangen aber sah er aus nächster Nähe – und so wahrheitsgetreu ist auch ihre Beschreibung, mit dem kleinen Irrtum, daß er die amerikanischen Krokodile für Fische hielt: »Der Achere (indianischer Name für den Alligator) ist ein Fisch, der hat eine harte Haut, daß man ihn weder mit einem Messer wundhauen noch mit einem indianischen Pfeil auf ihn schießen kann; es ist ein großer Fisch, und er tut anderen Fischen großen Schaden. Er ist gut zu essen, der Schwanz ist das Beste. In unserem Deutschland hält man ihn für ein schädlich und garstig Tier, und man sagt, wenn jemand diesen Fisch schaut, so muß er ohne alles Mittel sterben. Weiter erfunden wird, daß dieser Fisch durch kein Mittel umzubringen sei, außer man hält ihm einen Spiegel vor, damit er sich selber darin sehe und so vom Ansehen seiner eigenen Gräulichkeit von Stund an tot liegen müsse. Solches aber von dem gemeldeten Fisch ist alles Fabel. Ich hätte hundertmal sterben müssen, so es wahr wäre, denn ich habe von dem Fisch mehr als 3000 gefangen und gegessen.«

Eine Riesenschlange, die von den Spaniern mit einem Büchsenschuß getötet worden war, vermaß der neugierige Straubinger eigenhändig, um »ihre Länge und Dicke wohl zu wissen«. »Die war 25 Schuh lang und so dick wie ein Mann, schwarz von Farbe und gelb gezackt. Diese Schlange, sagten die Indianer, habe großen Schaden getan: Wenn sie nämlich im Wasser badeten, so war die Schlange im Wasserbad, schlang ihren Schwanz um die Indianer, zog sie hinein und aß sie.«

Schmidel setzte sich mit der Plage des Sandflohs auseinander: »Übersieht man ihn zu lange, frißt er einem letztlich die Zehen ab.« Er beschrieb als erster eine Hängematte: »Das Bett, das jeder mit sich getragen hat, ist aus Baumwolle, ist wie ein Netz gemacht, das man an zwei Bäume bindet.« Er hielt das Lama für ein Schaf und den Tapir für eine Eselart der Neuen Welt, allerdings »mit Füßen wie eine Kuh«.

Ein wenig verwundert zeigte sich der stoische Niederbayer dann aber doch über die Behandlung, die einige Indianerstämme den Köpfen ihrer toten Feinde zukommen lassen. »Nun merkt aber, was der Indianer mit dem Menschenkopf weiter macht und zu was er ihn braucht. Wenn Gelegenheit dazu ist, nimmt er diesen Menschenkopf und zieht die Haut samt Haar über die Ohren herab, alsdann nimmt er diese Haut samt dem Haar, hebt sie auf und läßt sie dürr werden. Danach nimmt er die dürre Haut, macht sie auf eine Stange und steckt sie vor sein Haus als Gedächtnis, so wie hierzulande ein Ritter oder Hauptmann, der ein Fähnlein hat, es in die Kirche steckt.«

Trotz der exotischen Wunder vergaß der Niederbayer nie das ewig Menschliche. Bei jedem neuen Volk, das ihr Expeditionskorps aufstöberte, notierte er genau, ob die Frauen nun schön oder häßlich, dick oder schlank seien. Ob sie ihre

Scham bedecken oder »mutternackt« durch Urwald und Leben laufen. Dabei konnte er sein lebhaftes Interesse an ihrem Sexualleben nicht unterdrücken: »Unter diesen Indianern verkauft der Vater seine Tochter, auch der Mann sein Weib, ebenso verkauft oder vertauscht der Bruder seine Schwester.« Ein anderes Mal hielt er fest: »Auch tanzen tun sie gerne, und sie führen ein dermaßen ehebrecherisches Leben, daß davon gar nicht zu sagen ist.« Oder: »Diese Frauen sind sehr schön und große Buhlerinnen, gar freundlich und sehr hitzig am Leib, wie mir dünkt.«

Man ist sich bei der Lektüre seines Berichts nicht sicher, ob der wackere Schmidel die angesprochene »Hitze am Leib« selbst auskostete. Ein Eintrag weist eher auf den Neid des Zukurzgekommenen hin. Einmal habe ein indianischer Häuptling dem Anführer der Spanier »drei schöne Metzen oder Frauen, die nicht alt waren,« geschenkt. Doch mitten in der Nacht liefen dem Chef seine drei Gespielinnen davon. Nicht ohne Häme, doch auch nicht ohne Frust bemerkte Schmidel: »Hat sie vielleicht nicht alle drei zufriedenstellen können, denn er war ein Mann um die sechzig Jahre, hätte er sie unter uns Knechten gelassen, vielleicht wären sie nicht weggelaufen.«

Ansonsten nimmt Schmidel die Dinge, wie sie kommen. Zwanzig Jahre irrt er unter wechselnden Anführern durch halb Südamerika, bringt auf Befehl Indianer um oder läßt sie auf Befehl am

Leben. Er fiebert, hungert, stirbt fast vor Durst, wird Zeuge der Rivalitäten unter den spanischen Abenteurern, die sich untereinander bekriegen, noch bevor sie das Land unterworfen haben. Er ist dabei, als Buenos Aires gegründet wird und etwas später Asunción, die heutige Hauptstadt Paraguays. Er beschreibt, wie die Indianer Buenos Aires kurzfristig zurückerobern und die Eindringlinge so entsetzlichen Hunger leiden, »daß es weder genügend Ratzen noch Mäuse, Schlangen oder anderes Ungeziefer zur Sättigung gab. Auf die Nacht sind Spanier zu drei Gehängten am Galgen gekommen und haben ihnen die Schenkel abgehauen und Fleischstücke aus ihnen geschnitten gegen ihren Hunger«.

Es gibt keinen Grund, nicht zu glauben, daß auch für den Kaufmannssohn aus Straubing die Gier nach Gold und Silber der Antrieb dafür war, die ungeheuren Strapazen und Gefahren dieser Beutezüge zu ertragen. Zu oft ist einfach die Rede davon, wie und wo große Reichtümer zu holen sein könnten. Doch die hochgesteckten Hoffnungen erfüllten sich nicht. Der Ertrag der Beutezüge blieb dürftig, das sagenhafte Eldorado fanden Schmidel und Genossen im Tiefland Südamerikas nicht.

So ist es nicht überraschend, daß Schmidel geradezu erleichtert schien, als ein kleines Wunder geschah. Im gottverlassenen Südamerika erreichte ihn 1552, achtzehn Jahre nach seiner Landung, der

Brief seines Bruders Thomas aus Straubing: Ulrich möge nach Hause kommen. Landsknecht Schmidel bat um Entlassung, sie wurde ihm gewährt. Es dauerte ein halbes Jahr, bis er auf einem abenteuerlichen Marsch von Asunción aus die brasilianische Küste erreichte.

Nach einer stürmischen Überfahrt in Etappen kam der Straubinger im Januar 1554 wieder in Antwerpen an, von wo zwanzig Jahre zuvor seine »wunderbare Schiffahrt« ihren Ausgang genommen hatte. Hier setzt er den Schlußpunkt seiner »wahrhaftigen Historien« mit einer frommen Danksagung: »Ja, Gott sei gelobt und gepriesen in Ewigkeit, der mir eine solche glückselige Reise so gnädiglich beschert hat. Amen.« Schluß und aus mit dem Fernweh. Zurück in der Heimat mutierte Schmidel offensichtlich wieder zum braven Bürger. Die Quellen über den Rest seines Lebens sind spärlich. Belegt ist, daß er seinen Bruder Thomas beerbte, der unmittelbar nach der Rückkehr Ulrichs gestorben war. Schmidel konnte von dem Erbe auskömmlich leben, schrieb seine Reiseerinnerungen auf, heiratete und zog in den Straubinger Stadtrat ein. Dann folgte er seinem Gewissen. Oder machte er nur einen Fehler? Er bekannte sich offen zu Luthers protestantischer Lehre.

Das war im damaligen Bayern ein Risiko. Denn seit dem Augsburger Religionsfrieden von 1555 galt der Satz: Cuius regio, eius religio. Wessen Herrschaft, dessen Religion. In der Praxis hieß das, der neue Glaube war in den deutschen Ländern nicht mehr pauschal geächtet. Doch die Untertanen durften ihm nur anhängen, wenn es auch ihr Fürst tat. Nun waren die bayerischen Herzöge damals glühende Katholiken, also hatte es auch ihr Volk zu sein. Zusammen mit acht weiteren Ratsherren wurde Schmidel auf allerhöchsten Befehl aus Straubing vertrieben. Er ging nach Regensburg. In der freien Reichsstadt herrschte damals religiöse Toleranz, da der Herzog hier nichts zu sagen hatte. Dort starb der Mitbegründer von Buenos Aires hochgeachtet um 1580 – nicht fern seiner niederbayerischen Heimat, aber doch nicht zu Hause.

Im Regensburger Exil war auch das Leben des zweiten niederbayerischen Kosmopoliten 1534 geendet. Genau das Jahr, in dem Ulrich Schmidel sich in die Neue Welt aufmachte. Es ist schon eine Ironie des Schicksals, daß die zwei weltoffensten Geister Niederbayerns in der Reformationszeit lebten, mit Luther sympathisierten und dafür das bayerische Herzogtum verlassen mußten.

Anders als der Straubinger Kaufmannssohn war Johannes Aventinus nicht Abenteurer, sondern Gelehrter. Historiker von Beruf, Humanist von Gesinnung. Eigentlich hieß der Mann mit der scharfen Nase, dem Backenbart und einem leicht grämlichen Gesichtsausdruck, wie wir ihn vom Relief auf seiner Grabplatte kennen, Johannes Turmair und war Gastwirtssohn aus Abensberg im

Hopfengebiet der Hollertau. Aus der lateinischen Form von Abensberg leitete er nach humanistischer Manier den Namen Aventinus ab. Der Draht zu seiner Heimatstadt riß nie. Obwohl Aventinus in Paris studierte, halb Europa bereiste, zwei bayerischen Herzogssöhnen als Erzieher diente und Pamphlete über den Krieg gegen die Türken verfaßte, blieb er immer auch der Gastwirtssohn Turmair. Ein Mann, der wie Luther dem Volk aufs Maul schaute und das erbarmungswürdige Leben der Armen kannte: »Sie sitzen und liegen vor der Kirche, leiden Hunger, Durst und Kälte.«

Bevor Luther auftrat und die römische Papstkirche aus ihrem selbstgefälligen Lotterleben aufschreckte, war Aventinus am bayerischen Hof wohlgelitten. Als junger Gelehrter unterrichtete er sechs Jahre lang die Prinzen Ludwig und Ernst. Nach erfolgreicher Beendigung seines Erziehungsauftrags betraute Herzog Wilhelm IV. den Abensberger für ein Honorar von sechzig Gulden im Jahr mit dem Verfassen einer Chronik der bayerischen Fürsten. Das machte Aventinus zum »Vater der bayerischen Geschichtsschreibung«, ein Ehrentitel, den auch heute noch Festredner bei kulturellen Events unter der weißblauen Fahne unerbittlich bemühen.

Für sein Werk hat Aventinus – in eigenen Worten – »das ganz Baierland durchritten, tag und nacht kein ruh gehabt, alle Winkel durchschloffen und durchsucht«. Mit den Früchten seiner Wühlarbeit zog er sich dann ins heimische Abensberg zurück und ließ den Federkiel übers Papier kratzen. 1521 war er fertig. Die »Annales« waren in Latein abgefaßt. Doch den Turmair im Aventinus drängte es, das Werk in die Volkssprache zu übersetzen. Die »Bairische Chronik«, die in den folgenden Jahren dabei herauskam, ist außer historischer Quelle eine Fundgrube des damaligen Niederbayerisch.

Da werden erstmals Wörter schriftlich festgehalten, die der Dialekt heute noch kennt. Etwa »Pfaid« für Hemd, Gewand, oder »Reindl« für eine tiefe Pfanne, »ankenten« für anzünden. Aventinus dramatisiert das lapidare lateinische »vox populi vox dei« in der heimatlichen Mundart: »Das geschrai des gemainen mans ist die stim gotes.« Er greift auf volkstümliche Bilder zurück: »Wenn der abt die würfel legt, ist es billig, das die brüder spilen.« Oder: »Die clain dieb hengt man, gegen die großen tuet man die huetl ab.«

Dachte er bei seiner berühmten Charakteristik der Bayern an die Bauern seiner Heimat, die im elterlichen Wirtshaus verkehrten? »Das bairisch Volk legt sich mehr auf den ackerpau und das viech denn auf den krieg. Pleibt gern dahaim, geht nicht gerne hinaus in fremde land, trinkt sehr und macht viel kinder. Sitzt Tag und Nacht bei dem Wein, schreit singt tanzt spilt karten, trägt gern als Waffen Schweinespieß und langes Messer.« Da wurde von einem Mann, der selbst weit gereist und hoch gebildet war, ein unsterbliches Klischee geboren. Nur der Wein stört. Und es fehlt die Lederhose.

Die bayerischen Herzöge kamen in seiner Chronik sehr gut weg. Der Klerus weniger. Wie Luther haute Aventinus auf die Pfaffen ein: »Sie wollen auch die Gewalt über Himmel und Hölle haben, wollen, daß man von ihnen Gnade und Ablaß, die Seligkeit und ihre guten Werke erkauft, ihre Art, Kleidung und Sitten für heilig hält, ansonsten ist man der ärgste Ketzer.« Solche Kritik machte den Mann in seiner Abensberger Gelehrtenstube verdächtig, die Bayern-Herzöge sahen sich als der weltliche Arm der Heiligen Mutter Kirche. In einer Oktobernacht 1528 nahm man Aventinus fest, »um des Evangeliums willen«. Zwar wurde er elf Tage später wieder freigelassen. Keine Folter, kein Prozeß. Noch einmal Glück gehabt. Doch der Hofchronist war von da an ein »armer kranker Mann, der vor Schwachheit und Scham tödlich krank ist, wie ich höre«, schrieb Leonhard von Eck, Kanzler des Herzogs, der sich für seinen Humanistenfreund am Hof einsetzte.

Aventinus hielt es für ratsam, ins tolerante Regensburg umzuziehen. Dort starb er im Januar 1534, verbittert, aber immer noch auf der Lohnliste des Bayernherzogs. Die Grabplatte in der Emmeranskirche ziert sein Motto: »Der Mensch ist eine Seifenblase.«

Abgründiges im Niederbayern

Der Abgrund ist nicht die vorherrschende Geländeform in Niederbayern. Das Hügelland wellt sich sanft, der Gäu ist flach wie ein Brettel, der Wald besteht zwar aus Urgestein, doch Jahrmillionen haben ihm fast alle Schründen, Schluchten, Zakken weggeschliffen.

So ist auch der Niederbayer – falls was dran ist an der Behauptung, daß die Natur den Menschen prägt – eine eher ausgeglichene Person, manchmal ein bißchen düster, manchmal ein bißchen aufbrausend, vor allem, wenn er sich im Bierzelt oder bei CSU-Massenveranstaltungen aufhält. Meist aber ist er ausgesprochen verträglich und sieht den Preußen sogar nach, daß sie sich wohl nie abgewöhnen werden, ihn nach seiner Seppelhose zu fragen.

Doch ab und zu tun sich in seinem gleichmäßigen Charakter urplötzlich Risse auf, seelische Abgründe, deren ganze Tiefe schwer auszuloten ist.

Das beginnt schon bei Negativsuperlativen wie »Drecksau, verreckte!«, wo es dem Beleidiger nicht genügt, sein Gegenüber als Sau zu bezeichnen, was ja auch schon nicht richtig nett ist, nein, diese Sau muß auch noch dreckig und verreckt, also häßlich zu Tode gekommen sein. Oder »Du Hundskrüppel, du elendiger!«. Hund, verstümmelt, Elend – ein Dreiklang absoluter Misere.

Das manifestiert sich in so überraschender moralischer Finsternis wie dem Deggendorfer Fleischskandal aus dem Jahr 2005. In der hübschen Kreisstadt an der Donau verscherbelte eine Firma tonnenweise alte Speckschwarten und vergammelte Hühnerknochen an offensichtlich ahnungslose Unternehmen, die den Proteinmüll dann zu Gelatine und Bouillon weiterverarbeiteten. Eine gesundheitliche Gefährdung konnte das bayerische Umweltministerium von seiner Münchner Warte in typischer Weitsicht für diese ungewöhnliche Nahrungskette zwar nicht erkennen, einen »Ekelfaktor« hingegen schon. »Zum Speib'n is dös«, erregt sich darüber der aufrechte Niederbayer, »zum Kotzen« müßte er auf Hochdeutsch sagen. Schlimmer geht's fast nimmer.

Oder doch? Sittlich ganz tief auf Tauchstation – wenn auch mit ausgefahrenem Schnorchel – begab sich ein niederbayerischer Volksvertreter vor einigen Jahren, schon wieder kommt er aus Deggendorf, aber wie kann ich gegen die Wahrheit an! Anstatt im Landtag zu München, wo er als hochgeachteter, weil immer linientreuer Hinterbänkler für die CSU einsaß, pausenlos um das Wohl seiner Wähler an Donau und Isar besorgt zu sein, ließ der Hansi aus Deggendorf es sich per Telefon von ominösen erhitzten Hausfrauenstimmen besorgen, die man – geil und willig – gemeinhin über 190er-Nummern kontaktieren kann.

Das wäre nicht der Rede wert, was soll man als Abgeordneter an einsamen Abenden schon tun, immer auf den Nockherberg steigen oder Gesetzentwürfe skizzieren? Doch leider ließ der wackere Hansi die Damen auf seinem Diensttelefon im Landtag für sich stöhnen, und dies auch noch stundenlang. (Spricht das für oder gegen die niederbayerische Standfestigkeit?) Im Lauf der Monate wichste er auf Steuerzahlerkosten 26 000 DM zum Fenster hinaus, wie die Kripo feststellte.

Diese Verschleuderung von Volksvermögen ging auch der CSU zu weit, sie ließ ihren Spezi fallen. Obwohl der seine Unschuld beteuerte und von dunklen Mächten (Sozis? Ukrainer?) sprach, die sich in der Form von Hackern in seine parlamentarische Leitung eingeschlichen und dann die verwerflichen Telefonate, 405 an der Zahl!, geführt hätten. Einige Parteifreunde, die der Deggendorfer als Entlastungszeugen benannt hatte, fielen um: Sie wollten einfach nicht beeiden, daß ihr Kollege während der Zeit, als sein Landtagstelefon heißlief, im Auftrag der Demokratie im Freistaat unterwegs und damit fern der geschlechtlichen Sünde war.

Lediglich fünf echte Freunde aus der Heimat standen bis zuletzt zu ihrem Volksvertreter. Ein weiteres Indiz dafür, wie treu der Niederbayer sein kann, auch wenn er nichts davon hat (siehe die Schlacht bei Aidenbach). Sie sagten vor Gericht aus, mit ihrem Spezi in den Stunden von einem der ihm angelasteten fernmündlichen Sexkontakte beim Salvator gesessen zu haben. Und da habe der Hansi einen Maßkrug und sonst nichts in der Hand gehabt.

Leider ergab die Überprüfung des Fahrtenschreibers, daß der Bus, den die Starkbierrunde zur Heimfahrt benutzte, nicht erst gegen 22.30 Uhr, sondern schon gut zwei Stunden früher vor dem Landtag gehalten hatte – Zeit genug für eine flotte 190er Nummer. Aus Angst vor einem kleinen Meineid blieben die Amigos nicht bei ihrer hilfreichen Aussage. Der Abgrund von Verworfenheit beim Hanse, der für das Gericht daraufhin offenkundig war, führte zu einer Gefängnisstrafe auf Bewährung und zum Ausschluß aus der CSU, deren christlich-soziale Tugendhaftigkeit ihr Deggendorfer Spezi so gröblich befleckt hatte.

Diese Beispiele von Abgründigkeit im persönlichen Bereich sollten jedoch nur locker hinführen zu den Tiefen, in die ausgewählte Niederbayern schaudernd schauen können. Wir meinen nicht das »Goaß-Gschau«, diesen von Bruno Jonas in der »Gebrauchsanweisung für Bayern« so genial beschriebenen pan-bajuwarischen Blick ins eigene Ich, der die Augen glasig werden läßt wie bei einer Geiß. Vielmehr geht es hier um den Blick hinab in den Weltengrund, wie ihn zwei Waldpropheten, der Mühlhiasl und der Stormberger, vor rund 200 Jahren mit großer Hartnäckigkeit praktizierten. In unserer esoterikdurchwaberten Welt findet das, was die beiden so um die Wende vom 18. zum 19. Jahrhundert raunend von sich gaben, wieder weit offene Ohren, und so sind der Mühlhiasl und der Stormberger niederbayerische Kultfiguren geworden – fast so wie Daniel Küblböck und Rex Gildo, von denen schon die Rede war.

Wie es sich für anständige Propheten schon immer gehörte, zeichnen auch die Visionen dieses Hellseherduos keine rosige Zukunft. Vielmehr baden sie in Not, Krieg und Untergang. Das mag daran liegen, daß der Stormberger aus Rabenstein nahe Zwiesel kommen soll, wo der Wald besonders düster ist und er sich als Schweinehirte durchs Leben schlagen mußte, was ja auch nicht gerade fröhlich stimmt. Der Mühlhiasl stammte höchstwahrscheinlich aus Apoig bei Bogen, stritt sich mit den Mönchen des nahen Klosters Windberg und belaberte des Abends am Kaminfeuer die verschreckten Nachbarn. Das trug ihm den Ruf eines

Sonderlings ein – auch das ein Propheten-Stereotyp seit Kassandra.

Die vermutlichen Heimatgemeinden von Mühlhiasl und Stormberger pflegen das Andenken ihrer Prophetensöhne heute eifrig. In Apoig steht am Straßenrand ein Holzschild: »Heimat des Mühlhiasl«. Das Leben des Stormberger und seine wichtigsten Weissagungen sind sogar auf einem »10 x 7 Meter großen, absolut sehenswerten Glasgemälde« festgehalten, so die Bayerwald-Touristik-Website.

Was die Sachlage kompliziert: Möglicherweise gab es gar nicht Hiasl und Stormberger, vielmehr waren die beiden ein- und dieselbe Person. Man könnte sich das auch ohne weiteres vorstellen: Irgendwann hatten die Apoiger genug vom Pessimismus ihres Hiasl, warfen ihn zum Dorf raus, und er startete in Rabenstein tiefer drin im Wald unter neuem Namen eine Zweitkarriere – weiterhin unheilschwanger.

Egal ob einer oder zwei, was da aus dem Wald zu uns herüberschallte, läßt für die Menschheit das Schlimmste befürchten. Im Mikro- wie im Makrokosmos. Einerseits geht es den Klosterbrüdern von Windberg an den Kragen – wir wissen schon, das waren die geistlichen Herren, die unseren Hiasl wegen seiner pessimistischen Sprüche verjagten. »Gerade so, wie ihr mich hinaustut, tun sie bald euch selbst hinaus.« Und siehe da, 1803 wurden auf Betreiben Napoleons tatsächlich alle bayerischen Klöster säkularisiert, die Mönche, Hiasls Feinde, vertrieben.

Doch diese gerechte Strafe für die Widersacher vor der Haustür war nicht, was den Propheten wirklich umtrieb. Es war das Schicksal der gesamten Menschheit. Eine Katastrophe unbestimmter Art rafft in seinen Visionen einen Großteil der Erdbevölkerung hin. Hiasl nennt das ziemlich unheimlich »Weltabräumen«. Wer es überleben will, »muaß an eisern Kopf habn«, und vorbei wird es erst sein, »wenn kein Totenvogel mehr fliegt«. Vorzeichen für den Super-GAU: »Die Religion wird so klein und schwach, daß man den ganzen Glauben in einen Hut hineinbringt.« Unglaube allerorten also. Oder: »Wenn man die Leute, die einem begegnen, nicht mehr versteht, ist es nimmer weit zum schrecklichen End.« Ausländer, wohin man schaut.

Das läßt ganz sicher Menschen mit parapsychologischen Neigungen erschauern. Woher sollten die Waldpropheten vor 200 Jahren wissen, was heute Sache ist, wenn nicht kraft übernatürlicher Gaben? Unverbesserlichen Skeptikern kann die Hiasl-Stormberger-Gemeinde entgegenhalten, daß ihre Herolde des Untergangs um 1800 ja auch Dinge voraussagten, die damals phantastisch schienen, inzwischen aber längst Realität sind. Eisenbahn, Dampfer, Auto, Flugzeug, Telefon – die ganze Palette des technischen Fortschritts hatten die Seher aus dem Wald in der Postkutschenzeit schon vorweggenommen. Na ja, irgendwie: »Die Donau herauf werden eiserne Hunde bellen.« – »Die meisten Leute werden auf zweiradeligen Karren fahren, so schnell, daß kein Roß und kein Hund mitlaufen kann.« – »Die eiserne Straß kommt über die Donau herüber und läuft ins Böhm(ische) nein.« – »Die Leut können in der Luft fliegen.« Am schönsten ist die Vision des Telefons: »Die Leute schwatzen sich bei stundenweiter Entfernung in die Ohrwaschel.« (Ohrwaschel ist hochdeutsch Ohrmuschel.)

Außerdem habe das Duo Hiasl / Stormberger mit über hundert Jahren Vorlauf den Ersten Weltkrieg prophezeit und die Inflation danach. »Ein großer Krieg wird kommen. Ein Kleiner fangt ihn an, und ein Großer, der übers Wasser kommt, macht ihn aus.« Klar doch, die Serben, der Kleine. Und die Amerikaner, der Große, die 1917 entscheidend in den Ersten Weltkrieg eintraten. Und dann die Geldentwertung: »So vielerlei Geld wird gemacht, daß es gar nicht mehr kennen kann, aber auf einmal gibt's keines mehr.«

Flankierend zu diesen weltgeschichtlichen Prognosen wagten die Waldpropheten auch kleine Ausflüge in die Lifestyle-Sektion: »Landleute wie Stadtleute tragen spitze Schuhe mit sehr hohen Absätzen. Sie wissen gar nicht gescheit zu gehen mit diesen Schuhen, aber getragen werden sie doch.« Und in den Städtebau: »In der Stadt werden fünf- und sechsstöckige Häuser baut. Überall werden Häuser baut wie d' Schlösser und Pfarrhöf.« Doch die ganze Herrlichkeit werde ein Ende haben, sobald die »Rotjankerl«, »Rotkappen« oder einfach die »Roten« kommen. Aus dem Osten, von dort, wo bis zum Ende des Kalten Kriegs der Feind ja auch unumstößlich stand.

Die rote Gefahr war bis zum Ende des Sowjetimperiums für die Hiasl-Gläubigen ein besonders überzeugender Beweis seiner seherischen Kraft. Heute ist das Insistieren von Mühlhiasl / Stormberger auf die »Rotjankerl« als Auslöser des Weltabräumens für die Fans eher unbequem. Rußland ist nicht mehr rot und ziemlich schwach. Wenn schon Gefahr aus dem Osten, dann müßte sie besser gelb sein, doch so hell sah der Mühlhiasl die Zukunft leider nicht. Auch der trefflichste Prophet kann einmal irren.

Aber die vielen Voraussagen, die doch eingetroffen sind? Die Eisenbahn, das Telefon, die Inflation, die Glaubenslosigkeit? Das könnte einem schon zu denken geben. Nur, haben unsere Waldpropheten sie wirklich so gemacht, wie sie heute zitiert werden? Dummerweise gibt es die ersten schriftlichen Aufzeichnungen ihrer Visionen erst aus der Zeit um 1920, immerhin gut 100 Jahre nach ihrem Auftreten. Und da existierten Autos, Eisenbahnen, Telefone, Flugzeuge, trieb die Inflation in Deutschland ihre schlimmsten Blüten und war nach der bolschewistischen Revolution in Rußland der Osten rot.

Könnten da nicht die Prophezeiungen bewußt oder unbewußt ein bißchen umgemodelt worden sein? So, daß sie sich mit der Realität kurz nach dem Ersten Weltkrieg deckten? Was nach über hundert Jahren mündlicher Überlieferung von einer Aussage übrigbleiben kann, ahnt jeder, der einmal »Stille Post« gespielt hat.

Außerdem war der Kronzeuge für die schriftliche Fixierung der Weissagungen ein über 90jähriger Pfarrer, dessen Vater wiederum den Hiasl noch persönlich gekannt haben soll. Der greise Pfarrer empfand möglicherweise die zwanziger Jahre als eine Zeit der Auflösung und des Sittenverfalls und sah schwarz für die Zukunft des christlichen Abendlandes, was dann aus dem Mund des Waldpropheten laut der Erinnerung des geistlichen Herren so klang: »Die Leute fressen und saufen, sie schlemmen und dämmen«, »das Wort gilt nichts mehr.« – »Zum Essen wird a nimmer bet'.« (Die Klage über die Haltlosigkeit der kommenden Zeiten ist auch festes Hellsehergut.)

Und so dürfen wir mit Recht skeptisch sein, ob das stimmt, was da als Botschaft von Verfall und Untergang aus dem tiefen Wald zu uns überkam. Doch bei aller Schemenhaftigkeit des Hiasl und des Stormberger, handfester als der Rübezahl im Riesengebirge oder das Kasermandl in den bayerischen Alpen sind die Waldpropheten allemal. Und trotz Zweifeln an den Rotjankerln und dem Weltabräumen wollen wir es mit denen halten, die am

Stammtisch in Rabenstein oder Hunderdorf den betrüblichen Zustand der Welt beklagen, zwangsläufig auf die düsteren Visionen des Mühlhiasl kommen, aus dem Weißbierglas einen Schluck wie einen Seufzer nehmen und mit Achselzucken niederbayerisch knapp kommentieren: »Woaß man's?«

Passau

Passau, so hat der Weltreisende Alexander von Humboldt schon vor 200 Jahren gesagt, gehöre zu den sieben schönsten Städten der Welt. Dann reiste er schnell weiter.

Passau aber blieb zurück. Blieb zurück mit seinem riesigen, leicht steifen Barockdom, mit den meisten Pfeifen der Welt in der größten Orgel der Welt, mit 75 Kirchen und Kapellen, einem fürstbischöflichen Opernhaus samt Bischof. Mit seinen drei Flüssen Donau, Inn und Ilz in den Farben Blau, Grün und Schwarz, die zum Ruhm der Stadt an einem Punkt bunt zusammenfließen und die Stadt zur Schneeschmelze häufig überschwemmen, ohne zwischen Gut und Böse zu unterscheiden: Bei Hochwasser versinken die Höll- wie die Pfaffengasse gleichermaßen in den Fluten.

Später kamen dann eine Zahnradfabrik dazu, ein Denkmal für den Bayernkönig Max I., der 1803 den Fürstbischof als weltlichen Herren der Stadt abgelöst hatte, und noch später die Nibelungenhalle, ein Geschenk von Adolf Hitler, das inzwischen mehr aus baulichen denn aus Gewissensgründen abgerissen und durch eine blitzeblanke Multifunktionalhalle ersetzt wurde.

In der Nibelungenhalle trat alljährlich beim Politischen Aschermittwoch Franz Josef Strauß vor brechend vollem Saal auf, nachdem der Wolferstetter Keller zu Vilshofen für ihn und seine Ambitionen zu klein geworden war. Heute lädt die CSU in die neue Halle, kann aber mit dem derzeitigen Vorsitzenden die Herzen der Passauer Bürger nicht ganz so erwärmen wie Franz Josef selig es vermochte.

Seit 1978 besitzt Passau eine Universität. Sie lehrt so moderne Fächer wie Informatik, Kulturwissenschaft und Chinesisch, veranstaltet alljährlich ein kosmopolitisches Treffen zwischen der Studenten- und der Wirtschaftswelt, named »Campus meets Company«, aber auch einen Einführungsabend mit Leberkäs, Bier und Blasmusik. Kein Wunder, daß sie in allen bundesdeutschen Hochschulwertungen ziemlich weit vorne landet.

Vorher hatte die Bischofsstadt lediglich eine theologische Fakultät für den Priesternachwuchs, was in jenen Zeiten auch gut zu ihr paßte. Denn damals war die Stadt in besten, was sag ich, in heiligen Händen. Eine Dreifaltigkeit aus CSU, Klerus und Lokalzeitung wachte über das geistliche Wohl der 50 000 Bürger – und wirkte ein Wunder. Denn diese Heilige Allianz verwandelte Passau in Deutschlands heimliche Hauptstadt der Satire.

Alles begann mit einer Gruppe abgebrochener Theologiestudenten, die sich gegen ihre Vergangenheit ebenso aufbäumten wie gegen die Meinungsdiktatur des Monopolblatts »Passauer Neue Presse«, gegründet und eingenordet vom Strauß-Freund Dr. Hans Kapfinger. Ein gewisser Siegfried Zimmerschied schrieb 1976 ein Stück »Die Konferenz«. Mitwirkender unter anderen ein gewisser Bruno Jonas. Die Konferenz spielte im Himmel. Gottvater war ein grantelnder Niederbayer, Sohn Jesus ein Gitarre spielendes Weichei, Petrus der Bösewicht, ein Manager im Himmel, der nebenbei Zeit fand, die Jungfrau Maria – zum zweitenmal – zu schwängern. Zitat des Heiligen Geistes, der es wieder nicht gewesen sein will: »Einmal haben's mich eh scho drankriagt, aber diesmal spui i nimmer mit.« Der Autor über seinen Antrieb zu dieser himmlischen Satire: »Was sich da entlud, war die Energie aus unzähligen Rosenkränzen, Keuschheitsgelübden, Schlägen und Verweisen.«

Tout Passau sah das Stück mit Abscheu und Empörung. Gotteslästerung. Anzeige seitens des Bischofs. Der OB untersagte die Aufführung im Saal des »Peschl-Kellers« aus Gründen der öffentlichen Sicherheit: Entrüstete Katholiken könnten die Bühne stürmen und ein Blutbad anrichten. Ein Gericht hob allerdings dieses Verbot auf, ein anderes schmetterte die Klage wegen Gotteslästerung ab: »Satire muß überzeichnen.« Die »Passauer Neue Presse« verhängte einen Totalboykott in Sachen Berichterstattung über jegliche Zimmerschied-Aktivitäten. Ihr Chefredakteur: »Er hat die Gottesmutter beleidigt.« Das Szenelokal »Scharfrichterhaus«, in dem der Siggi und Jonas in der Folge auftraten und auch privat ihr Bier tranken, war für jeden CSU-Würdenträger als Hort der Schmutzfinken Tabu wie ein Pornoschuppen. Auch Volkes Stimme beschimpfte Zimmerschied: »A ganz a miesa, dafeida, dreckada Dreck san Sie.« (Ein ganz mieser, verfaulter, dreckiger Dreck sind Sie.) Der Angesprochene baute dieses Kompliment in sein nächstes Programm ein.

Passaus Überreaktionen ließen Zimmerschied, Jonas und das Scharfrichterhaus erst so richtig aufblühen und bekannt werden. Zimmerschied kriegte den Deutschen Kleinkunstpreis in Mainz, Jonas die Kurve zur Münchner Lach- und Schießgesellschaft, das Scharfrichterhaus führte mit Erfolg »Deutsche Kabarettage« ein, bei denen der notorische Dieter Hildebrandt und ein junger, aber auch schon ganz schön schwergewichtiger Ottfried Fischer, aus Ornatsöd knapp außerhalb von Passau stammend, prämiert wurden.

Die Dreiflüssestadt, bis dahin kulturell eher am »Fidelen Bauer« oder in ihren alljährlichen Europäischen Wochen an einem »Severin Oratorium« in memoriam des Lokalheiligen orientiert, war wider Willen zum Vorort satirischer Subkultur auf niederbayerisch geworden. Taschenreiseführer machten das Scharfrichterhaus zum obligaten Insidertip. Zimmerschied, Jonas und Fischer tauchten regelmäßig im Fernsehen auf. Das überregionale Feuilleton hätschelte sie. Die Passauer Dreifaltigkeit aus Klerus, Presse, CSU fiel bundesweiter Lächerlichkeit anheim.

»Eigentlich kannst' Kabarett ja nur in der Provinz machen. Weil in München, da wedeln's ja no fröhlich, wenn du ihnen auf den Schwanz trittst. Aber in Passau, da bellen's und beißn's«, so glaubte Zimmerschied. Doch die Zeiten änderten sich, und die rebellischen Kabarettisten mit ihnen. Ein neuer, liberaler Bischof kam. Die erdrückende CSU-Mehrheit im Stadtrat schrumpfte im Lauf der Jahre auf menschliche Maße. Dem marienverehrenden Chefredakteur der »Passauer Neue Presse« folgten Führungskräfte von auswärts, darunter sogar Preußen. Zum 25jährigen Jubiläum, das sie ausgerechnet in der Nibelungenhalle feierten, mußten die Gründerväter des niederbayerischen Kabaretts in wehmütiger Selbsterkenntnis bilanzieren, »nicht mehr Widerstandsnest zu sein«.

Widerstand ist zwecklos, wenn es keinen richtigen Gegner mehr gibt. Die Clique vom Scharfrichterhaus wurde nicht mehr geächtet, sondern umarmt. Christsoziale Stadträte klopften den langsam ergrauenden Rebellen vor aller Augen anbiedernd auf die Schulter, und der Klerus hielt sich in christlicher Duldsamkeit zurück. Die ehemaligen Intimfeinde von der »Passauer Neue Presse« widmeten dem Jubiläum eine ganze Seite Lobpreis. Überschrift: »Mit List und Lust die Klinge schärfen.« Die Zeitung verstand sich nicht mehr als eine Mischung aus Bistumsblatt, Bayernkurier und Banalitäten. Sie hatte inzwischen einen »Bürger-Oscar« ausgeschrieben, der außergewöhnliche Zivilcourage honorierte, und die Auszeichnung unter anderem an den Niederaltaicher Abt Jungclaussen verliehen, den frommen Kämpfer gegen die Donaupläne der Bayerischen Staatsregierung. (Die »Passauer Neue Presse« ging allerdings nicht soweit, ihren Preis rückwirkend dem Scharfrichterhaus für das langjährige Engagement gegen sie selbst zu geben.)

Aber auf der Geschäftsstelle der PNP wurden jetzt Karten für Veranstaltungen des Scharfrichterhauses verkauft, und bei der Verleihung des Bürger-Oscars trat Bruno Jonas im Rahmenprogramm auf. Siggi Zimmerschied erkannte die Gefahr, sich mit ewiger Pfaffenkritik totzulaufen. Er macht heute Kabarett über die Kapriolen des Zeitgeists mit Programmen wie »Hirnrisse« und »Lachdichter«. Ottfried Fischer ist weiterhin übergewichtig als bundesweiter Pater Braun gut im Fernsehgeschäft. Außerdem macht er Radiowerbung für ein Passauer Einkaufszentrum. Bruno Jonas bediente in der ARD den »Scheibenwischer« und trat in der Mönchskutte des Bruder Barnabas mehrmals beim Starkbieranstich auf dem Nockherberg auf. Dort durfte er paritätisch Regierung und Opposition »derblecka«, verarschen, und konnte zwischen den Beifallsstürmen von rechts und links die sprichwörtliche »durchschlagende Wirkungslosigkeit des Kabaretts« fühlen.

Wo einmal in Passau Fronten waren, herrscht also heute liberales Gemenge. Da paßt es, daß die PNP zu einem Niederbayern-Abend einlädt. Es kommen der Niederbayer senegalesischer Abstammung Charles M. Huber, bekannt als TV-Kriminaler, der Niederbayer türkischer Abstammung Django Asül, Kabarettist, und der Niederbayer Vilstaler Abstammung Erwin Huber, CSU-Bezirksvorsitzender. Alle drei sind schrecklich launig und schrecklich nett zueinander. Und es ist ziemlich schwer zu erkennen: Wer ist der Schauspieler? Wer der Politiker? Wer der Kabarettist? Bellen und Beißen untersagt in der Provinz.

Landshuter Fürstenhochzeit

Der wahre Herzog war so dick, so schwer, so gichtgeplagt, daß er nur ächzend aus der Sänfte heraus den Hochzeitsgästen zuwinken konnte. Ihn in seiner ganzen Leibesfülle zu kopieren, tun sich die Landshuter heute offensichtlich schwer. Obwohl beim letztenmal »Ludwig der Reiche« durchaus eine schöne Wampen ins Festgeschehen einbringen konnte, fehlten doch noch deutlich ein paar Kilo zum herzöglichen Originalgewicht aus dem Jahr 1475.

Die Ehrenjungfrauen der Braut hingegen machen kein Problem, da fragt man heute nicht mehr so genau nach, und das Angebot übersteigt die Nachfrage. Turner, Karatekämpfer und andere junge Männer mit Geschick und Zweikampfhärte gibt es ebenfalls genug in der Stadt, so daß auch für

Ritter, die sich im Turnier zu Pferde und mit Holzlanze messen müssen, mehr als ausreichend gesorgt ist.

Und was den Festzug insgesamt angeht, da haben es sich die Landshuter beim Remake der »Fürstenhochzeit« ein bißchen leichter gemacht. Sie beschränken sich auf 2000 Teilnehmer, am 15. November 1475 zogen um die 10 000 Menschen durch die Altstadt. Weil im November Niederbayern sehr kalt sein kann, war es eine weise Entscheidung, die festliche Vermählung des Herzogssohnes Georg mit der polnischen Prinzessin Hedwiga alle vier Jahre lieber im Sommer nachzuspielen. Da kommen mehr Zuschauer von auswärts, und das Bier rinnt auch leichter die Kehlen hinab.

Was nicht heißen soll, daß die Landshuter ihre Fürstenhochzeit für die Fremden aufführen. Sie tun das schon seit 1903, damals wäre kein Mensch auf die Idee gekommen, sich für die Sommerfrische ausgerechnet die Hauptstadt von Niederbayern auszusuchen. Die Landshuter machen das wahrscheinlich aus barocker Freude am Theater, die sich für andere Bayern in religiöser Gewandung bei Fronleichnamsprozessionen austobt, und in ihrer laizistischen Ausformung bei der Aufführung eines volkstümlichen Wildererstücks durch die Kolpingfamilie.

Der Anlaß für die »größte historische Veranstaltung Deutschlands« (Bezirksregierung Niederbayern) rechtfertigt dieses monumentale Freilufttheater genauso wie die Spielstätte. Landshut ist ein gotisches Kleinod. Über die Spitzgiebel der Altstadt ragt der 131 Meter hohe Turm der Martinskirche, dessen Spitze von unten gesehen die Burg Trausnitz aufspießt, in der damals die Herrscher von Bayern-Landshut residierten. Der Backsteinturm von St. Martin ist deutlich höher als die Doppeltürme der Frauenkirche in München, das hochgotische Kirchenschiff in seiner himmelstrebenden, lichtdurchfluteten Eleganz deutlich schöner als der Innenraum der Frauenkirche, und das ist kein Zufall.

Im Mittelalter war Landshut wichtiger und wohlhabender als München. Es war für einige Zeit die Residenz für ganz Bayern, und als das Herzogtum geteilt wurde, leuchtete sie mehr als die Hauptstadt von Bayern-München. Es waren die drei Landshuter Herzöge Heinrich, Ludwig und Georg, die den Beinamen »der Reiche« trugen, oberbayerische Herrscher hießen bestenfalls »der Starke« oder »der Bärtige«, wenn sie Pech hatten »der Höckrige«.

Ludwig, der dickste unter den drei Landshuter Reichen, faßte 1474 den Plan, seinen 19jährigen Sohn standesgemäß zu verheiraten. Seine Wahl fiel auf die 17jährige polnische Königstochter Hedwiga, die sich nicht zu schade war, aus royaler Höhe in die Niederungen des Herzogsstands abzusteigen. Ludwigs Reichtum hatte sich herumgesprochen.

So zog man mit Gefolge und Gepränge im Jahr darauf von Krakau aus gen Landshut, verspätete sich ein wenig durch die Pest in Böhmen, die der Hochzeitstroß weiträumig umging, und durch Turniereinlagen allerorten, auf die das begleitende Ritteraufgebot offenbar nicht verzichten konnte.

Endlich angekommen, in Landshut jubelte das Volk, der fette Ludwig begrüßte die Schwiegertochter in spe aus der gewohnten Sänfte, der Bräutigam hoch zu Roß, und von allenthalben strömten im November 1475 Würdenträger mit beachtlichen Gefolgen in die Herzogstadt, darunter der deutsche Kaiser und ein Bruder des türkischen Sultans, so daß am Tag der Hochzeit auf die 10 000 Landshuter ebenso viele Gäste und fast so viele Rösser kamen.

Dann gab es ein mehrtägiges Fressen, Saufen und sportliches Lanzenstechen, unterbrochen nur durch die Vermählung der Brautleute mit abschließendem erfolgreichen Beilager, wobei die Braut ein paar Tränchen zerdrückte. Der Bräutigam zeigte, daß er nicht nur bei ihr seinen Mann stand, sondern auch auf dem Turnierplatz, und legte am Vortag der Hochzeit noch schnell einen Gegner in den Staub.

Von den Festmahlen und Freudentänzen war das gemeine Volk ausgeschlossen, da wollte der Adel schon unter sich bleiben. Doch acht Tage lang hielt der Herzog seine Landshuter frei und bei Laune. Jeder konnte so viel futtern und trinken, wie er nur runterkriegen konnte. Bezahlt wurde alles vom reichen Ludwig. Wirte, Metzger und Bäcker hatten in dieser Freudenwoche Verkaufsverbot. Da wundert es nicht, daß, wie der Chronist peinlich genau vermerkte, unter anderem 323 Ochsen, 285 Brühschweine aus Burghausen, 11 500 Gänse und genau 194 345 Eier weggeputzt wurden, wobei letztere Zahl in ihrer Exaktheit angezweifelt werden darf. Rot- und Weißwein aus riesigen Bottichen waren ebenfalls gratis, von Freibier gibt es erstaunlicherweise keine Kunde. Wir wissen nicht, was die Braut aus Krakau sich bei niederbayerischen Schmankerln wie Schweinskopf- und Lebersülze dachte oder ob sie sich nach einer brühpolnischen Wurst sehnte. Geschadet hat ihr die Hausmannskost offensichtlich nicht. Sie gebar dem jungen Herzog in den kommenden Jahren fünf Kinder.

Die Fürstenhochzeit unserer Tage unterscheidet sich in einem gravierend von der historischen Vorlage: Es gibt nichts mehr umsonst. Außerdem hat sich der Getränkekonsum in Richtung Bier verlagert. Ansonsten jedoch strengen sich die Landshuter an, dem Vorbild so nahe wie möglich zu kommen. Die Ritter, die sich beim Turnier auf einer Wiese am Stadtrand messen, können tatsächlich reiten, die Rüstungen sind nicht aus Pappe wie bei einem Kostümball oder so wirr mittelalterlich wie im Fantasyfilm, sondern denen des 15. Jahrhunderts akribisch nachgebildet. Der vergüldete Wagen der

Braut ist gefedert, wie man damals federte, nämlich praktisch gar nicht. Nur die Krakauer Prinzessin ist keine Polin, sie muß wie der Bräutigam aus Landshut stammen, soviel Lokalpatriotismus möchte schon sein. Mädchen mit längerem Naturhaar haben eine bessere Chance, als Ehrenjungfern zugelassen zu werden, als karottenfarbige Punkfrisuren, junge Männer mit Rauschebart fallen bei der Knappenprüfung durch. Wer im Hochzeitszug raucht, kriegt die rote Karte, wer nur noch mittorkeln kann ebenfalls, es sei denn, er wäre der Hofnarr.

Das »gemeine Volk« der Gaffer von heute kommt an den vier Wochenenden, an denen das Spektakel wegen des großen Andrangs stattfindet, meist mit dem Auto. Die Landshuter Polizei bemüht sich, möglichst wenige Strafzettel an Falschparker auszuteilen, solange die nicht den Turnierplatz selbst blockieren. Wenn dann die Gaukler ein Rad schlagen, die Spielleute den Dudelsack bearbeiten und das Hochzeitspaar sich – fürs Fest! – tief in die Augen sieht, bricht da schon einmal der von weit angereiste Preiß mit seinem Nachbarn aus Gottfriedingerschwaige in den überlieferten Verzükkungsruf aus: »Himmel Landshut! Tausend Landshut!«

Das Wunder vom Rottal

Besonnt und prächtig grün lag das Rottal da. Die Zwiebeltürme ragten gen Himmel. Die Rösser wieherten froh auf der Weide. Reif stand das Korn und wartete auf den Schnitter. Der Rauch aus den Brauereischornsteinen roch nach Hopfen und Malz.

Doch in den Herzen der Menschen des von Gott gesegneten Landstrichs regte sich banger Argwohn. Über die Felder ratterten immer mehr Traktoren, bald würde niemand mehr die Rottaler Pferde brauchen. Die Kühe im Stall und auf der Weide gaben zwar genug Milch, doch für diese Milch gaben die Molkereien nicht genug Geld, und auch die Preise für den goldgelben Weizen auf den Äckern verfielen von Jahr zu Jahr. Was würde nur aus dem uralten Bauernland werden, das die

Heimatdichter so unermüdlich priesen? Brache? Wildnis? Ein riesiger Schrebergarten für pflastermüde Großstädter?

Mit gefurchter Stirne schauten die Rottaler in eine ungewisse Zukunft. Bis ein alter Schäfer, wie es heißt in der Nähe von Rottalmünster, ihnen riet: »Gehet zum heiligen Bruder Konrad nach Altötting. Er wird euch einen Weg weisen.« Die Bauern taten, wie ihnen geheißen. Mit Kerzen und Almosen begaben sie sich zum Reliquienschrein des Heiligen aus Parzham, der durch sein Gebet und seine Güte ein Muster christlicher Lebensführung gewesen und also im Himmel dem göttlichen Ratschluß sicherlich besonders nahe stand.

Beim flackernden Licht der Kerzen und dem leisen Klingeln der Münzen im Opferstock baten sie auf den Knien um Hilfe. Und siehe, aus dem Schrein heraus vermeinten sie eine Stimme zu hören, die drei Wörter flüsterte: »Bohren. Putten. Jodeln.«

Beglückt ob der himmlischen Hilfe, doch auch mit Wirrnis im Herzen kehrten die Bittgänger nach Hause zurück. Bohren, das war klar. Doch was meinte der Bruder Konrad mit Putten? Die Barockengelchen in ihren stattlichen Kirchen konnte es wahrlich nicht bedeuten, die hatten zwar schon immer Erbauung, aber nie Geld gebracht. Und was war mit Jodeln? Das kannten sie, doch diese Kehlenverrenkung war ihnen fremd, sie war nur den Bayern im Hochgebirge eigen.

»Laßt uns mit dem beginnen, was wir verstanden«, sagte ein Mann aus Füssing mit dem Herz auf dem rechten Fleck. Und so geschah es. Mit einem gewaltigen Bohrer durchstieß man die Ackerkrume und drang bis in tiefste Tiefen vor, wo der Teufel das ewige Feuer schürt. Doch wohl auf die Fürbitte des Heiligen hin sprudelte aus der Höllentiefe lauterstes Wasser empor zur Oberfläche. Wasser von großer Wärme und großer Heilkraft. Wer sich darin badete, den verließen die Leiden der Gelenke, wer es trank, die Gebresten des Gedärms. Geschwind verbreitete sich die Kunde von der wundertätigen Quelle, und es dauerte nicht lange, da errichtete man im Umkreis des Brunnen mancherlei Gebäude, um die Kranken und Lahmen zu beherbergen. Weil es schnell gehen mußte, waren die Häuser nicht eben Schmuckkästlein, und das fröhliche Leben jenseits des Bades fand in besseren Scheunen statt.

Trotzdem strömten aus allen deutschen Landen die Menschen hierher, um Heilung zu finden. Manche fanden auch eine sündige Liebschaft oder trieben sonstigen Schabernack. Vor allem aber ließen sie Geld in Füssing, das sich bald mit dem Beinamen »Bad« schmücken durfte und von so illustren Gäste wie dem seligen Franz Josef Strauß, dem Sangesbruder Peter Alexander und dem Boxer Max Schmeling besucht wurde.

Mit gelbem Neid sah man in der Nachbarschaft, was aus dem Dorfe Füssing geworden war. Dann bohrte man selbst, in der Hoffnung, es dem jüngsten Weltbad gleichzutun. Und wahrhaftig, flugs sprudelten auch in Birnbach und Griesbach wohltuende heiße Quellen, und von nun an zog es auch in diese neuen Bäder Scharen von Heilungssuchenden, die an Mineralwasser, aber auch an Leberkäs, lustigen Theaterstücken wie »Der sündige Jakob« und der einen oder anderen Maß Bier gesundeten.

Noch aber rätselte man im Rottal, was der gnadenreiche Bruder Konrad wohl mit Putten gemeint haben könnte. Zwar gingen die Geschäfte gut, doch nicht für alle – und außerdem, gut genug können sie für uns Menschen nie gehen. Bis eines Tages ein kluger Kopf das rätselhafte Wort richtig deutete. Nicht Engelsputten seien gemeint, vielmehr gehe es um ein Wort englischen Ursprungs, das man »patten« ausspreche, was der bescheidene Bruder Konrad, der seine niederbayerische Heimat nie verlassen hatte, bei seinem Ratschlag wohl nicht gewußt habe. Und Patten sei ein wichtiger Teil eines seltsamen Spiels namens Golf, bei dem man auf unglaublich großen Wiesen mit einem Schlagstock eine Kugel in unglaublich kleine Löcher befördern müsse, was ein Zeichen von Geschicklichkeit und Reichtum sei.

Oh, sagten die Bauern im Dreieck der Bäder Füssing, Griesbach und Birnbach, große Wiesen haben wir mehr als genug, die Pferdezucht liegt danieder, und die Weiden liegen brach. Dazu sind die Menschen, die unsere Quellen besuchen, eher von bescheidenem Wohlstand, und sollte dieses Spiel Golf von Leuten mit Geld ausgeübt werden, wird das unser Schaden nicht sein. Und sie fingen eifrig an, ihre Fluren zu verkaufen, die dann in »Fehrweis« und »Griens« verwandelt wurden, wobei ihnen große Praktiker des Golfs wie ein Meister Langer oder ein Weltmeister Beckenbauer mit Rat und Tat zur Seite standen, die seltsamerweise in die kurzgemähten Wiesen immer wieder große Sandgruben graben ließen – diese »Banker« wolle der wahre Golfer, nur Gras allein sei ihm auf dem Weg zum Einlochen nicht genug.

Bald waren stille Täler und sanfte Höhen bedeckt von Golfplätzen, zu denen reiche und schöne Menschen meist gesetzteren Alters pilgerten und in neu errichteten Herbergen der edlen Art sich bei Speis und Trank ihrer Künste rühmten, was rundherum einen Batzen Geld einbrachte.

Blieb bloß noch Bruder Konrads dritte Verheißung: Jodeln. Das ganze Alpenland jodelte schon immer zur Freude fremder Besucher. Was sollte da auch noch das Rottal mit dem Jodeln zu schaffen haben, wo diese merkwürdige Sangeskunst nie geübt worden war? Weit gefehlt, erklärte endlich ein weitgereister Mann, der den Titel Marketing-Director trug, den erstaunten Leuten. Bayern seid ihr, wie eure Brüder in den Alpen auch. Und wer Bayer ist, der jodelt, sonst ist er für die Fremden keiner. Er jodelt, schuhplattelt, schnalzt die Geißel und singt die schönen Weisen, die der Kurgast seit Carolin Reiber und Karl Moik für bayerische Volksmusik hält. Wenn ihr das für ihn tut und vielleicht auch noch ein Herzerl auf die Klotür malt oder einen Dreschflegel an die Wand hängt, vielleicht sogar einen Odelwagen, aber bitte geruchfrei!, vor die Wirtshaustür stellt, dann erst fühlt er sich wirklich in Bayern. Dann kommt er sich abends bei Musik und Tanz in seiner männlichen und weiblichen Form näher, trinkt sich Mut an und Begierde und achtet die Taler nicht mehr, die er auf dem Tisch für euch zurückläßt.

Und so geschah es. Allenthalben hielt man die weißblaue Fahne der Gemütlichkeit hoch bis zum Abwinken. Den Vogel schoß ein Bauer aus Kirchham ab. Dem hatte die Obrigkeit verboten, auf seinem Grund und Boden einen großen Saustall einzurichten. Da erbaute er an dessen Stelle ein Dorf für Touristen, so tief weißblau, daß das wahre Baierland nichts dagegen ist. Dort strömen nun jeden Abend die Gäste aus den Thermen und Golfhotels von Füssing, Griesbach und Birnbach zusammen, lassen es sich krachert gutgehen, was heute Wellness heißt. Und sie ahnen nicht, daß sie Teil des dreifachen Wunders vom Bäderdreieck sind, das der heilige Bruder Konrad für seine Rottaler wirkte. Was wirklich sehr gütig von ihm war: Mutter Kirche hat den Bruder Konrad schon vorher heiliggesprochen, da hätte er dieses größte Wunder gar nicht mehr nötig gehabt.

Befreiungshalle

Wo ist Niederbayern am wenigsten niederbayerisch? In der »Westernstadt Pullman City« bei Eging, wohin jährlich über eine Million Besucher strömen für Cowboy-Romatik im Bayerischen Wald? Oder im Namen der »Landshuter Cannibals«, die einmal ganz simpel EV Landshut hießen, dafür aber mit ihrer Ikone Erich Kühnhackl mehrfach deutscher Eishockeymeister waren? Heute schliddern die Cannibals in der zweiten Liga rum.

Wenn bei Paris ein »Disneyland« floriert und selbst im biederen Iserlohn die Mannschaft als »Roosters« aufs Eis läuft, dann kann man den Niederbayern nur mäßig übelnehmen, daß auch sie dem Zeitgeist erliegen. Nein, was für mich am wenigsten meine Heimat ausdrückt, steht seit fast 150 Jahren malerisch, makellos und meistbesucht herum: die Befreiungshalle in Kelheim. Über 150000 Menschen schauen sich jährlich den Erinnerungsklops an die Befreiungskriege gegen Napoleon an, mehr als jedes andere Bauwerk im Regierungsbezirk.

Doch mit Niederbayern hat der Rundtempel auf dem Michelsberg nichts zu tun. Er ist Ausdruck der Griechenbegeisterung König Ludwigs I., der das Bayernvolk mit einem weiteren pseudohellenischen Monument, der Walhalla bei Regensburg, bedachte. Da diese Ruhmesstätte deutschen Geistes im oberpfälzischen Teil des Donautals liegt, kann ich sie zu meiner Erleichterung links liegenlassen.

Vor allem aber ist das schlechte Gewissen der Wittelsbacher für die Befreiungshalle verantwortlich. Denn dem bösen Napoleon verdankte Ludwigs Vater Max Joseph so ziemlich alles.

Als bayerischer Kurfürst war er jahrelang ein treuer Verbündeter des französischen Kaisers gewesen – gegen die Mehrheit der Deutschen. Nach seinem Sieg bei Austerlitz ging Napoleon an eine Neuordnung der deutschen Landkarte und löste kleinere Herrschaften im Dutzend auf. Dem braven Vasallen Max Joseph verlieh er 1806 die Königskrone und schanzte ihm eine Menge überzähliger Grafschaften und Fürst-Bistümer vor allem im Fränkischen und Schwäbischen zu. Der heutige Freistaat, der bis dahin nur Oberbayern, Niederbayern und die Oberpfalz umfaßt hatte, bekam seine Form und Größe. Außerdem schaffte Bayerns erster »Kini« im Geist Napoleons so ehrwürdige Regierungsmittel wie Folter, Leibeigenschaft und allgemeines Analphabetentum ab.

Als der Stern des Kaisers zu sinken begann, wechselte Max Joseph rechtzeitig vor der Völkerschlacht von Leipzig die Seiten und war nach dem Sturz Napoleons bei den Siegern. Allerdings haftete Bayern noch ein wahrnehmbarer Geruch von Vaterlandsverrat an. Den wollte Max Josephs Sohn ein für allemal abschrubben. Zu Ludwigs Ehrenrettung muß gesagt werden, daß er, anders als der Vater, Napoleon nie so richtig mochte und schon früh aufmüpfige Worte gegen ihn gefunden hatte: »Auf ihr Teutschen! Auf, und sprengt die Ketten, die ein Corse euch hat angelegt!«

Jetzt waren die Ketten gesprengt, und alle Welt sollte sehen, daß die Bayern ganz vorne mit dabeigewesen waren. Zusätzlich angefeuert vom Unabhängigkeitskampf der Griechen gegen die Türken ordnete Ludwig I. die Errichtung der Befreiungshalle an. 1842 wurde auf dem Michelsberg nach mehrjähriger Planung der Grundstein gelegt, und die beiden Baumeister Gärtner und Klenze, die das ganze Königreich mit ihrem Hellenismus plagten, zogen auch hier ein Gebilde hoch, das sie für den endgültigen Ausdruck von »edle Einfalt, stille Größe« hielten.

Daß es gerade bei Kelheim hoch über dem Zusammenfluß von Donau und Altmühl stand, hatte einen einfachen Grund: Die romantische Landschaft erinnerte den König an sein geliebtes Griechenland. Außerdem war es vielleicht nicht schlecht, den Ort zu wählen, wo mit Herzog Ludwig dem Kelheimer die wahren Wittelsbacher herkamen. Denn Bauherr Ludwig I. stammte aus der eher glanzlosen Seitenlinie Zweibrücken-Pfalz. Sie hatte nur den Thron in München ergattert, weil die bairischen Wittelsbacher ausgestorben waren.

Grundidee des Freiheitstempels: Ein einig Volk von Brüdern vertrieb Napoleon. Jeder Mann und jeder Fürst leistete den gleichen Beitrag. (Letzteres war den Bayern besonders wichtig!) So wählte man die Rundform: Nichts ragt vor, nichts steht hinten an. Und die Einförmigkeit: Niemand ist hervorgehoben heraus, niemand gilt weniger.

Ein Zirkel edlen Gleichmaßes, drinnen wie draußen: ein Säulenkreis (alle gleich), ein Kandelaberkreis (alle gleich), ein Kreis von geflügelten Siegesgöttinnen (alle gleich), bronzenen Siegesschildern (alle gleich), bekränzten Marmordamen, die deutschen Stämme repräsentierend (alle gleich) und Plaketten der siegreichen Feldherren (alle gleich). Zum Glück unterbricht eine einzige Tür den Kreis. Sonst könnte man immer noch einmal rundum laufen, ohne es zu merken.

Wie weit es mit der »teutschen Einheit« wirklich her war, erlebte Ludwig I. übrigens noch. 1863 wurde die Befreiungshalle eingeweiht. Drei Jahre später schossen die Preußen ihre bayerischen und österreichischen Brüder im Krieg um die Vormacht in Deutschland bei Roßbrunn und Königgrätz zusammen. 1868 starb Ludwig I.

So steht die majestätische Kopfgeburt fremd und verschlossen über der Stadt Kelheim. Keine Kanten. Keine Schnörkel. Kein Niederbayern. Nichts ist hier zu spüren vom Kloster Weltenburg mit seinem barocken Wildwuchs und dem dramatischen Donaudurchbruch. Nichts vom Hopfenland auf der andern Seite des Stroms, mit den Brauereiwirtschaften und Bauernwallfahrten oder den lauten Dorffesten unter weißblau geringelten Maibäumen, die überall in Niederbayern eine bemerkenswerte Renaissance erleben.

Eher ehrfurchtsvoll treten die Besucher durch die schwere Bronzetür ein. Und stehen dann schweigend in dem Rundgewölbe, das die kühle Feierlichkeit einer Aussegnungshalle verströmt. Sie stehen meist nicht lange. Der monotone Reigen der Siegesgöttinnen ist kein Fest für die Augen. Wieder draußen sind sie froh, daß es nicht weit vom Freiheitstempel einen Biergarten gibt, in dem sich die monumentale Erhabenheit wegspülen läßt. Und einen Fußweg hinunter in die Stadt, in deren engen Gassen Ludwig der Kelheimer, der Bayern die weißblaue Raute brachte, so schaurig schön von unbekannter Hand gemeuchelt wurde.

Meine Heimatstadt

In meiner Kindheit war Plattling im Süden und Westen von Feldern, im Norden und Osten von Auwäldern längs der Isar umgeben, durch die »Staunzen«, Stechmücken, von abenteuerlicher Größe und Angriffslust schwirrten. In den Weidengehölzen bauten wir unsere Lager und hofften, daß die gefürchtete Kilgerbande aus der Nachbarstraße sie nicht entdecken und dann unweigerlich zerstören würde. Wir lernten schwimmen in der Isar, die damals noch unreguliert floß. Die Strömung war reißend, flußauf kam man unmöglich dagegen an. Plattling hatte auch ein sogenanntes Freibad am Mühlbach, das mühelos einen Preis für undurchsichtiges Wasser gewonnen hätte, so schlammig war es. Wunderbarerweise wurde trotz mehrmaligen Wasserschluckens niemand krank.

Heute ist die Isar ein ordentlich aufgestautes Gewässer, das Fangobecken im Mühlbach ist einem echten Freibad gewichen, das sich mehrere Jahre der »längsten Wasserrutsche Niederbayerns« rühmen konnte. Wo die Weiden wuchsen, wachsen heute Neubauten. Mit den Auwäldern haben sich auch die kapitalen Staunzen frustriert summend zurückgezogen und fallen jetzt nur noch in ihrem Reservat »Naturschutzgebiet Isarmündung« geballt über Mensch und Tier her.

Kein Kind geht mehr barfuß in die Schule, wie wir es taten. Mai, Juni, Juli, August – die Monate ohne ein r im Namen, so die allseits akzeptierte Regel, hieß es raus aus den Schuhen. Als man uns dann im Gymnasium Deggendorf verbot, zum Unterricht ohne Schuhwerk zu erscheinen, waren wir ausgesprochen unglücklich. Unsere alte Volksschule, in der es immer selbst für unempfindliche Kindernasen heftig nach Urin stank, ist längst durch einen Neubau ersetzt und wird jetzt gerade abgerissen.

Damit verschwindet ein Baudenkmal für eins der düstersten Kapitel der jüngeren Plattlinger Geschichte, das bis vor kurzem totgeschwiegen wurde. Meine alte stinkende Schule gleich hinter der Stadtpfarrkirche war gegen Ende des Zweiten Weltkriegs eine Außenstelle des Konzentrationslagers Flossenbürg in der Oberpfalz. Hier kamen zwischen 200 und 300 Menschen um. Haben die Plattlinger zugeschaut? Was haben sie gedacht, wenn sie in die Kirche nebenan gingen? Ich glaube, ich möchte es nicht genauer wissen. Als Kinder hatten wir keine Ahnung.

Als Kinder freuten wir uns jedes Jahr auf das Sandbahnrennen um den Goldenen Helm der Stadt. Der Motorsportclub trägt dieses Rennen noch immer aus. Freunde sagen mir, das sei heute eine eher farblose Veranstaltung. In den fünfziger Jahren war sie das Topereignis. Wenn der Lokalmatador Maxreiter, nur »Maxe« genannt, gegen den Schrecken der Sandbahnen, den Abensberger Gunzenhauser, für uns »der Gunze«, in die Kurven ging (und meist gaaanz unglücklich zweiter Sieger blieb), standen 10000 Fans dichtgepackt um die Arena und auf dem Eisenbahndamm der Strecke nach Passau. Die führte praktischerweise direkt an der Rennbahn vorbei und wurde als Naturtribüne genutzt. Sicherheitsauflagen gab es nicht. Einmal fuhr ein Zug einem unvorsichtigen Besucher die Beine ab. Das tat der Beliebtheit des Goldenen Helms keinen bleibenden Abbruch.

Im Inneren des Rennovals war Plattlings anderer sportlicher Stolz zu Hause, die Spielvereinigung. Sie kickte viele Jahre ununterbrochen in der obersten Amateurklasse, was Passau, Straubing, Landshut und Deggendorf damals nur sporadisch taten. Der Lokalreporter für den Sport schrieb schlecht, doch gnadenlos parteiisch. In seinen Berichten waren alle Niederlagen der Spielvereinigung nur durch unfaßbares Pech oder einen katastrophalen Schiedsrichter zu erklären. Mit den Medien im Rücken nahmen die Plattlinger die tückische Macht des Schicksals aber nicht einfach so hin.

Ich erinnere mich genau eines Wintertags, als Plattling – das übliche Pech! der übliche Schiedsrichter! – an der Rennbahn 3:1 gegen Wacker München verlor. Nach dem Abpfiff mußten die Spieler etwa dreißig Meter vom Platz bis zum Clubhaus durch eine wütende Menge gehen. Der Weg war eisig, und wegen der Rutschgefahr war Heu ausgelegt. Einer dieser arroganten Münchner Großstadtbengel hatte für die zu Recht erbosten Fans nur ein höhnisches Lachen übrig. (So empfanden wir alle die Situation. Objektiv wie wir waren.) Da sprang ein Baum von einem Mann den Grinser von hinten an, packte ihn am Genick, drückte ihn mit den Gesicht nach unten, raffte ein Büschel Heu zusammen, stopfte es dem bösen Buben in den Mund und brüllte: »Du bist a Ochs, also frißt du auch a Heu!« Zwei Heimspiele Platzsperre für die Spielvereinigung.

Innerhalb des Vereins herrschte ebenfalls munteres Leben. Im Clublokal »Zur Alm« bediente Else, eine Frau mit Maßen wie Marilyn Monroe. Wir Jugendspieler hechelten um sie herum. Hoffnungslos. Dann wurde ein junger Priester als Hilfspfarrer nach Plattling versetzt. Ja war das ein Hund! (Kleiner Exkurs: »Hund« kann im Niederbayerischen durchaus anerkennend gemeint sein.

Erst ein »blöder« oder ein »elendiger« Hund ist negativ, »wilder Hund« hingegen drückt, wie »Hund« ohne Attribut, manchmal auch zärtlich »Hundling« genannt, Bewunderung aus.) Der Hilfspfarrer also zog sogar seine Soutane aus und stellte sich bei der Reservemannschaft ins Tor. Wir bewunderten den geistlichen Herrn, der durch den Strafraum flog, Dreck und Würde nicht achtend. Und noch mehr nötigte es uns Respekt ab, daß er abends meist in der »Alm« als letzter beim Bier verharrte, bis die Else das Licht ausmachte. Eines Tages war der hechtende Hochwürden verschwunden. »Der is immer zur Else aufs Zimmer ganga«, tuschelten die Betschwestern über die jähe Strafversetzung.

Aus dem Wirtshaus »Zur Alm« ist inzwischen über ein chinesisches Zwischenspiel ein vage mediterranes Restaurant namens »Sembeni« geworden, und die Spielvereinigung krebst irgendwo in den niederen Klassen herum. Dafür kann die Clubleitung nichts. Heute muß auch im gehobenen Amateurfußball richtig Geld bezahlt werden, das die Spielvereinigung nicht hat. Früher reichten ein fußballverrückter Bahnhofsvorstand und der Besitzer der Fleisch- und Wurstwarenfabrik Stanglmeier aus, Plattling mit talentierten Jungkickern aus dem Wald stark zu machen. Die kriegten entweder eine Lebensstellung als Rangierer bei der Bundesbahn oder einen fast so begehrten Platz als Umrührer am Wurstkessel beim Stanglmeier.

Abgesehen vom Ausrutscher eines ihrer jüngeren Exponenten hatte die Geistlichkeit damals Plattling fest im Griff. Zu Ostern sammelte sie von Haus zu Haus gehend Beichtzettel ein. Auf ihnen hatte vorher der Pfarrer im Beichtstuhl bestätigt, daß das Schäflein X seiner österlichen Pflicht zum Sündenbekenntnis nachgekommen war. Es gab einen regen Handel mit diesem katholischen Persilschein. Wir Kinder gingen zweimal beichten und verkauften dann einen Zettel gegen ein Fuchzgerl (fünfzig Pfennige) an Erwachsene, die ihre Sünden nicht zum Pfarrer tragen wollten.

Unser Problem war die Schulmesse. Sie fand jeden Werktag um halb acht in der Stadtpfarrkirche statt und sollte uns spirituell für den Unterricht stärken. Meine Eltern waren der Meinung, es sei besser für uns, eine halbe Stunde länger zu schlafen. Die Folge war, daß mein Bruder und ich, die wir sonst ziemlich nur Einser hatten, in Religion nie über eine Zwei hinauskamen. Religion gab nicht der Lehrer, sondern einer der Pfarrer. »Wenn Ihnen das Wohl ihrer Kinder so wenig am Herzen liegt«, sagte Hochwürden bei einem mahnenden Hausbesuch. Ja dann.

Vorbei, vorbei. Heute ist Plattling in zwei Pfarreien aufgeteilt. Die Pfarrer beider Sprengel sind moderne Seelsorger. So modern wie die Stadt heute ist. Doch wer kennt schon Plattling außerhalb Bayerns? Dabei ist meine Heimatstadt ein Ort der Literatur.

»Dort zu Pledelingen schuf man ihnen Ruh, das Volk allenthalben ritt auf sie zu. Man gab, was sie bedurften, williglich und froh, sie nahmen es mit Ehren, so tat man auch bald anderswo.«

Gewichtig, wenn auch nicht ganz so bedeutend wie Hagens Meuchelmord an Siegfried, stehen diese Zeilen im weltbekannten Nibelungenlied, und das zeigt: Durch Plattling kamen schon früh illustre Gäste. Später taten es u. a. Kaiser Leopold, die österreichische Herrscherin Maria Theresia und 1805 sogar Napoleon auf seinem Siegeszug den Burgunderrecken nach. Allerdings blieben sie alle nur über Nacht. Keiner hat sich länger bei uns aufgehalten. An dieser Verweigerung zu verweilen hat sich bis heute wenig geändert.

In Plattling steigt man um, nach München oder nach Eisenstein. Die Stadt hat einen Ruf als Eisenbahnknotenpunkt und ist deswegen auch ein ICE-Halt, worauf die Plattlinger mächtig stolz sind. Man lenkt einen Lkw ins Industriegebiet, lädt ihn flugs mit Kartonage, Tiermehl oder Rübenzucker voll und verschwindet dann wieder über eine der beiden Autobahnausfahrten, die der Kleinstadt das Prädikat »verkehrsgünstig« eingetragen haben. Urlaub macht man hier nicht.

Mit dem Kopf kann ich das verstehen, mit dem Herzen aber nicht. Ich bin auch dem Dichter Herbert Achternbusch noch immer ein bißchen böse wegen eines Stücks, das er in den achtziger Jahren geschrieben hat und das »Plattling« heißt. Es war eins von seinen schlechteren. Darin ließ er sich wie üblich über die anarchische Absurdität des Seins aus, siedelte sie aber ausgerechnet bei uns an. Er nannte Plattling »das Nichts«, hielt die Stadt »höchstens zwanzig Minuten Aufenthalt« wert und gipfelte in dem auch für niederbayerische Ausdrucksweise recht groben Urteil: »Auf Plattling wurde geschissen, und dann wurde es zubetoniert.«

Warum gerade Plattling als Metapher für Nullität, warum nicht Winsen an der Luhe oder Markkleeberg, die es nebenbei genausowenig verdienen würden? Ich weiß es, mein lieber Achternbusch. Ich weiß, warum du, oh Herbert, der du eigentlich Schild heißt und nur als Künstler Achternbusch, gerade Plattling abgewatscht hast. Weil du aus der Kreisstadt Deggendorf kommst, das nur zehn Kilometer weit weg liegt, trotzdem aber keine ICE-Station hat und in deinen Jugendjahren im Fußball dauernd gegen unsere Spielvereinigung verlor. So was sitzt tief, auch bei Dichtern, die sich mit dem Sein als solchem beschäftigen.

Die Plattlinger nannten den Poeten nach seinem Griff in die Scheiße »Afternbusch«. Das war auch etwas derb. Doch wir sind schon immer ein bißchen empfindlich gewesen, was die Bezeichnung unserer Stadt angeht. Da gibt es seit jeher unqualifizierte Behauptungen. Zwar liegt sie im topfebenen Gäuboden, doch hat das mit dem »platt« in Plattling nichts zu tun, genausowenig wie »Bledelingen«, ihr früherer Name, mit »bled«, hochdeutsch »blöd«. Ein Herr Bladilo, der die Siedlung in frühbajuwarischer Zeit gründete, ist schuld und anschließend die verschlungenen Wege der deutschen Rechtschreibung. Also: nicht platt, nicht blöd, einfach von Bladilo gegründet.

Plattling ist kein Nichts. Das kann man einfach nicht sein mit einem Marktplatz voller Kastanien, einer Zuckerfabrik und der weit über die Landesgrenzen hinaus bekannten Schlagersängerin Nicki. (»Servus, mach's guat«, Sie erinnern sich?) Allerdings machen die romanische Friedhofskirche St. Jakob und die barocke Fassade der »Post« – hier nächtigte der eilige Napoleon – aus Plattling nun auch wieder kein kunsthistorisches Kleinod. Plattling ist eine niederbayerische Kleinstadt. Nicht mehr, aber auch nicht weniger.

Plattling hat in den vergangenen Jahren einen Haufen Industrie angesiedelt als Ausgleich für den Verlust von ein paar hundert Arbeitsplätzen bei der Bahn, die außer dem ICE-Halt und einem »Historischen Eisenbahn-Verein« wenig zurückließ. Auch die Post direkt neben dem Bahnhof wurde abgeschafft. Pakete verladen und nach Orten sortieren war als Student mein Ferienjob. Man mußte unglaublich früh aufstehen, weil die Hauptarbeit im Morgengrauen stattfand. Zwischen ein und drei Uhr nachts bekämpften wir unsere chronische Müdigkeit mit einem Nickerchen. Unsere Betten waren komfortabel. Wir legten uns in die Federpfühle, die von den Versandhäusern in mannshohen Papierbeuteln verschickt wurden. Mit Bahn und Post ging die SPD-Mehrheit im Stadtrat verloren, die ähnlich wie in Frauenau auch bei uns eine rote Klippe im schwarzen Meer von Niederbayern war. Rot ist nebenbei ein bißchen viel, schwachrosa wäre treffender.

Die Tierkörperbeseitigungsanstalt in den Isarauen hatte Plattling schon immer. Sie fächelte bei ungünstigem Wind eine Prise Leichengeruch Richtung Zentrum. Die Zuckerfabrik auf der anderen Seite der Stadt steht auch schon seit den sechziger Jahren. Sie strömte während der Rübenkampagne im Winter einen süßlichen Duft aus. Ein Stadtrat nannte diesen Düfte-Doppelpaß vor ein paar Jahren einen »natürlichen Gestank«, der daher nicht so schlimm sei. Dann setzte sich trotz aller Natürlichkeit doch die Meinung durch, ein paar Filter würden nicht schaden, und heute riecht man fast nichts mehr.

Früher sah ich von unserem Fenster aus zwischen Plattling und der Kammlinie des Bayerischen Walds am Horizont nur Felder und den Kirchturm von Michaelsbuch. Heute stehen klotzig eine Papierfabrik, eine Heizkörperfabrik – Plattlings wichtigster Arbeitgeber mit 1800 Beschäftigten – und weiteres mittelständisches Industriebeiwerk im Wege. Die Stadt und das Umland brauchen die Arbeitsplätze, inzwischen pendeln rund 3000 Personen in den neuen Industriestandort. Die kleine Marienkapelle aber, die einsam und allein als heller Fleck mitten in den Feldern lag, ist verschwunden. Nein, nicht abgerissen, es gibt sie schon noch. Nur optisch ausradiert zwischen Industriehallen, Zubringergleisen, Werkzäunen.

Jeden Vormittag treffen sich neben dem Rathaus am Stadtplatz immer die gleichen. Eine Handvoll Rentner, darunter ein Sparkassenchef im Ruhestand, ein Exeisenbahner und einer, der früh geerbt hat und schon lange nichts mehr tun muß. Manchmal bringt der eine oder andere seine Frau mit, aber nur manchmal, meistens sind die Gattinnen schon zu Hause mit dem Mittagessen beschäftigt. Eine Stammwirtschaft hat die Runde nicht. Sie hat zwei. Abwechselnd setzt man sich in der italienischen Eisdiele »Fontana« oder direkt daneben im Dönerrestaurant »Saray Grill« zusammen. Wegen der Gleichbehandlung. Die Ausländerlokale hat man aus klimatischen Gründen gewählt. Beide stellen Tische nach draußen, auf dieser Seite des Stadtplatzes werden sie im Sommer schon vormittags von der Sonne beschienen.

Über Weißbier und Cappuccino geht es die Welt rauf und runter: Dem Huber Schorsch is jetzt sei Alte endgültig davong'rennt, hab i g'hört. Was macht denn die Frau Merkel scho vui anders als der Schröder? Die hätt'n liaber den Stoiber hinlaß'n soll'n! Beim Stanglmeier lauft's auch nimmer so wie früher, dös liegt an der Globalisierung, sag i euch. Unser Enkel zahnt grad, letzte Nacht hab'n mir ihn g'habt und fast gar net g'schlaf'n. Dös Jahr g'winnt Bayern die Champions-Lieg, da stinkt er dir, gell, wo du a Sechz'ger bist! (Plattling hat, auch wegen der heutigen Schwäche des einheimischen Fußballteams, sowohl einen Bayern-München- als auch einen 1860-München-Fanclub.)

Wenn die Uhr der Magdalenenkirche halb zwölf schlägt, zerfasert der informelle Stammtisch. Frau und Mittagessen warten. Der Kirchturm beherrscht den ausgedehnten Stadtplatz, auf dem einst bei Regenwetter zwischen den Kastanien riesige Pfützen standen. Heute stehen hier auf asphaltierten Parkplätzen die Autos der Leute, die »in d' Stadt eini woll'n«. Die Fußgängerzone ist ziemlich klein, Plattling hält noch immer viel vom Auto in greifbarer Nähe. Der Kirchturm ist aber nicht das höchste Bauwerk. Das ist der Wasserturm am Ortseingang Richtung Straubing. 42 Meter ragt diese kahle Betonröhre hoch. Jetzt hat man sie mit einem bunten Bild der Stadtpfarrkirche verziert und der Inschrift: »Isarstadt Plattling im Herzen von Niederbayern«. Viel hat das auch nicht geholfen.

Stammtische sind für die Plattlinger noch immer das Rückgrat der Geselligkeit. Natürlich neben den Vereinen mit einer wahren Aufgabe wie etwa die Freiwillige Feuerwehr, die Schützen, der ehrwürdige Sankt-Johann-Nepomuk-Verein, der im Sommer zu Ehren des Heiligen eine vielbeachtete Lichterprozession auf der Isar veranstaltet, die

Brieftauben-, Bienen-, Kanarienvogel-, Schäferhundzüchter oder der Eisstockschieß–Club. Die meisten Stammtische geben gar nicht vor, etwas anderes zu sein als eine Gelegenheit zum feuchtfröhlichen Beieinanderhocken, und tragen dementsprechende Namen: »Brathendlbuam«, »Almdudler«, »Unverwüstlich« oder ganz modern »Faß-Riders«.

Eine Sonderstellung nimmt der »Internationale Hosenträger-Club« ein. Wer ihm angehört, ist verpflichtet, zu jedem Treffen mit weißblaugerauteten Hosenträgern zu erscheinen, ohne Zweifel ein Vereinszweck von Belang. International sind die Hosenträger-Träger deshalb, weil es eine Filiale in Michigan/USA gibt, von der aber keines der 23 Plattlinger Mitglieder so genau weiß, ob sie noch existiert und die Satzung einhält, besonders was die weißblaue Raute betrifft.

Alle vier Jahre zieht die Plattlinger Geselligkeit an einem Strang und richtet das »Nibelungenfestspiel« aus. Zum hundertjährigen Jubiläum der Erhebung Plattlings vom Markt zur Stadt wurde es 1988 erstmals veranstaltet, lockte gleich »Tausende von Zuschauern aus nah und fern an«, wie eine Plattling-Broschüre stolz vermerkt, und ist seither »aus dem kulturellen Leben nicht mehr wegzudenken«.

Die Basis für das Schauspiel erscheint eher schmal. Es sind die schon zitierten vier Zeilen des Nibelungenlieds. Bis vor kurzem walzte ein blut-

und glutvolles Volksstück aus der Feder eines bereits verstorbenen Schulrektors diesen Vierzeiler aus, das eine Hunnengesandtschaft genauso nach Plattling kommen ließ wie die Königin Brunhild, was historisch mehr als bedenklich war. So entwikkelte sich auf der Bühne ein dramatisches Ringen um die Verehelichung der rachsüchtigen Krimhild mit dem heidnischen Hunnenherrscher: »Auch ist sie krank, ihr Sinn sehr verwirrt, sie verzweifelt fast am Leben, dem Attila, der nach Frohsinn giert, könnte sie Freude und Glück niemals geben.«

Den Plattlingern bescherte das Drama soviel Freude und Glück, daß sie dafür die historischen Gewänder selbst bastelten und sich für ihre Bühnenauftritte im Schwertkampf wie im Unterdrükken der dumpfen bayerischen A-Laute übten. Jetzt aber hat der junge Regisseur Andreas Wiedermann aus Straubing, der auch in München erfolgreich inszeniert, dem Attila die Gier nach Frohsinn ausgetrieben und auf der Freiluftbühne im Hof vom Eisen-Hefele das Vers-Geschmeide des Schulrektors durch eine Fassung des Nibelungenlieds ersetzt, die auf dem Drama Friedrich Hebbels fußt. Nach kurzem Zusammenzucken applaudierte das Publikum begeistert der Aufführung und der einheimischen Schauspieltruppe.

Plattling hat halt ein enges Verhältnis zu seiner Geschichte. Das zeigt auch das Lausdenkmal. Richtig gehört. Kopflaus, lat. pediculus capitatis. Meine Heimatstadt besitzt das einzige Kopflausdenkmal der Welt. Nach dem Ersten Weltkrieg wurden hier in der sogenannten »Sanierung« bayerische Soldaten zu Tausenden von diesem Ungeziefer befreit. Zur Erinnerung setzte man ein steinernes Monument, ein Relief des Parasiten in Überlebensgröße mit allen sechs Beinen und dem Kauwerkzeug. »Voilà«, sagte der damalige Bürgermeister, als er 1976 den Gedenkstein weltmännisch enthüllte. Voilà Plattling, sage auch ich, Isarstadt im Herzen Niederbayerns und in meinem!

Bereits erschienen:

Gebrauchsanweisung für...

Amerika
von Paul Watzlawick

Amsterdam
von Siggi Weidemann

Barcelona
von Merten Worthmann

Bayern
von Bruno Jonas

Berlin
von Jakob Hein

die Bretagne
von Jochen Schmidt

Brüssel und Flandern
von Siggi Weidemann

Budapest und Ungarn
von Viktor Iro

China
von Kai Strittmatter

Deutschland
von Wolfgang Koydl

Dresden
von Christine von Brühl

Düsseldorf
von Harald Hordych

die Eifel
von Jacques Berndorf

das Elsaß
von Rainer Stephan

England
von Heinz Ohff

Finnland
von Roman Schatz

Frankfurt am Main
von Constanze Kleis

Frankreich
von Johannes Willms

Freiburg und
den Schwarzwald
von Jens Schäfer

den Gardasee
von Rainer Stephan

Genua und
die Italienische Riviera
von Dorette Deutsch

Griechenland
von Martin Pristl

Hamburg
von Stefan Beuse

01/0004/04/L

Indien
von Ilija Trojanow

Irland
von Ralf Sotscheck

Istanbul
von Kai Strittmatter

Italien
von Henning Klüver

Japan
von Andreas Neuenkirchen

Kalifornien
von Heinrich Wefing

Katalonien
von Michael Ebmeyer

Kathmandu und Nepal
von Christian Kracht und Eckhart Nickel

Köln
von Reinhold Neven Du Mont

Leipzig
von Bernd-Lutz Lange

London
von Ronald Reng

Mallorca
von Wolfram Bickerich

Mecklenburg-Vorpommern und die Ostseebäder
von Ariane Grundies

Moskau
von Matthias Schepp

München
von Thomas Grasberger

das Münchner Oktoberfest
von Bruno Jonas

Neapel und die Amalfi-Küste
von Maria Carmen Morese

New York
von Verena Lueken

Niederbayern
von Teja Fiedler

Nizza und die Côte d'Azur
von Jens Rosteck

Norwegen
von Ebba D. Drolshagen

Österreich
von Heinrich Steinfest

Paris
von Edmund White

01/0005/04/R

Peking und Shanghai
von Adrian Geiges

Polen
von Radek Knapp

Portugal
von Eckhart Nickel

Rom
von Birgit Schönau

das Ruhrgebiet
von Peter Erik Hillenbach

Salzburg und
das Salzburger Land
von Adrian Seidelbast

Schottland
von Heinz Ohff

Schwaben
von Anton Hunger

Schweden
von Antje Rávic Strubel

die Schweiz
von Thomas Küng

Sizilien
von Constanze Neumann

Spanien
von Paul Ingendaay

Südafrika
von Elke Naters und Sven Lager

Südfrankreich
von Birgit Vanderbeke

Südtirol
von Reinhold Messner

Sylt
von Silke von Bremen

Tibet
von Uli Franz

die Toskana
von Barbara Bronnen

Tschechien und Prag
von Jiří Gruša

die Türkei
von Iris Alanyali

Umbrien
von Patricia Clough

die USA
von Adriano Sack

den Vatikan
von Rainer Stephan

Venedig mit Palladio und
den Brenta-Villen
von Dorette Deutsch

Wien
von Monika Czernin

01/0006/04/L